La herencia espiritual de España

Cuadernos para la Paz

1ª Edición española: enero de 2022

Edición de la Federación de Familias por la Paz y la Unificación del Mundo de España
Email: administrador@unificacion.org
Web: www.unificacion.org

Publicado por la Editorial Cuadernos para la Paz
Email: cuadernosparalapaz@gmail.com

ISBN: 978-84-123590-7-7

Depósito legal: M-16130-2021

Sumario

Editorial

Estamos contentos de poder estar de nuevo con vosotros para presentaros este nuevo volumen de la Revista Cuadernos para la Paz.

En este nuevo número, os ofrecemos tres discursos de Sun Myung Moon, que no habían sido traducidos anteriormente al Español. Uno de ellos es sobre los valores absolutos y la búsqueda de la Paz, otro sobre el papel de los jóvenes en conseguir un mundo de Verdadero Amor, y el tercero sobre la verdad fundamental, que nos puede ayudar a llevar una buena vida, una vida con valor, de la que podamos estar eternamente satisfechos.

Hay un texto sobre la Teoría del Arte, que es un fragmento, de el libro del Pensamiento de Unificación (Sang Hun lee).

También en este número, os hemos preparado una antología de textos sobre personas que han nacido en España, y que han desarrollado un trabajo religioso, y han escrito palabras de inspiración que han ayudado a mucha gente, a seguir el camino de la búsqueda de Dios. Son nuestros antepasados, y estamos agradecidos de todos ellos, por su trabajo y labor en beneficio de un mundo mejor.

Muchas gracias por vuestra atención, y esperamos que disfrutéis y os inspiréis con estas lecturas.

Miguel Calvís y Maryvonne Jamois

LOS VALORES ABSOLUTOS Y LA BÚSQUEDA DE LA PAZ PARA LA HUMANIDAD

Noviembre 27, 1980
Hotel Hilton Fontainebleau, Miami Beach, Florida, EEUU
Novena Conferencia Internacional para la Unidad de las Ciencias

Honorable presidente, distinguidos científicos y eruditos, damas y caballeros:

Les doy mi más sincera bienvenida a esta novena Conferencia Internacional para la Unidad de las Ciencias.

Durante los últimos años esta conferencia ha tratado repetidamente el tema sobre la ciencia y los valores absolutos y ha conseguido grandes resultados. Además, siento que la conferencia ha aportado muchas contribuciones a la larga y ferviente búsqueda por la paz de la humanidad.

El tema para la conferencia de este año es "Los Valores Absolutos y la Búsqueda de la Paz para la Humanidad". Con respecto a este tema, me gustaría compartir con ustedes mi punto de vista sobre cómo se puede alcanzar la paz mundial.

El mundo de hoy anhela la paz

Como ustedes sin duda ya saben, cuanto más caótico se vuelve el mundo, más sedientos de paz están los seres humanos.

Entonces, ¿cómo se puede alcanzar la paz? En el mundo de hoy el orden se trastorna cada vez más en muchos países y regiones culturales. El establecer la paz significa restaurar el orden verdadero. Al restaurar el orden verdadero, los sujetos acompañantes y los objetos acompañantes deben encontrar sus posiciones y establecer relaciones mutuas y armoniosas.

La gente desea paz no solo a nivel mundial sino también a nivel de las naciones, sociedades y familias. Incluso los individuos anhelan por la paz entre su mente y cuerpo.

Entre estos niveles de paz, ¿cuál debería establecerse primero?

Es fácil pensar que si la paz mundial fuera establecida en primer lugar, la paz de las naciones, sociedades, familias y eventualmente la de los individuos, también sería establecida.

Pero esto no es así. En realidad, esta es la secuencia inversa a la que necesitamos para establecer la paz. Es la paz individual la que debe establecerse primero. Luego la paz en la familia y sólo con este fundamento se puede esperar la paz de las sociedades, naciones y del mundo. Esto es porque los individuos son la unidad básica de las familias y las familias son la unidad básica de las sociedades, naciones y del mundo.

Frecuentemente los líderes creen que a través de una organización excepcional y una formulación de políticas superior, pueden restaurar el orden en la sociedad y crear un mundo de paz. Sin embargo, en realidad, la paz de la humanidad no puede realizarse sólo a través de estos dos medios. Organizaciones internacionales tales como las Naciones Unidas y sistemas de pensamiento como el comunismo y la democracia han intentado realizar la paz mundial a su manera, pero la paz aún sigue lejos de ser alcanzada, y el mundo experimenta más confusión a medida que pasa el tiempo.

La verdadera paz solo se alcanza cuando las personas se unen a través del verdadero amor

A menos que la búsqueda por la paz empiece por la paz individual, estará destinada a fallar una y otra vez.

Entonces, ¿cómo puede el individuo alcanzar la paz? Es a través de convertirse en una persona de amor absoluto y luego practicar este amor. Esto es así ya que el amor es la condición previa para toda unidad. La unidad puede ser establecida sobre el fundamento del amor y la paz sobre el fundamento de la unidad.

Ambos, tanto el amor relativo como el amor absoluto, existen. El amor relativo cambia conforme al tiempo y al espacio, pero el amor absoluto es incambiable y eterno. Ya que el primero está centrado en uno mismo, este cambia de acuerdo a los intereses del momento. Por otro lado, ya que el amor absoluto siempre existe para el bien de los demás y sirve al todo, este

es inmutable. El amor absoluto, al ser absoluto, debe fluir desde un Ser Absoluto. Por lo tanto, este amor debe ser el amor de Dios.

A través del amor relativo, la unidad no puede alcanzarse nunca. Ésta solo puede ser posible a través del amor absoluto. La mente y el cuerpo de un individuo pueden unirse a través del amor absoluto. Entonces, se podrán experimentar sentimientos tales como la tranquilidad, alegría, satisfacción y un sentido de valor. Sólo de un individuo así se puede establecer el estándar de paz.

Cuando los padres e hijos, marido y esposa, hermanos y hermanas de una familia practican el amor absoluto de forma apropiada a su posición familiar, la unidad de esa familia se podrá realizar. Esa familia estará llena de felicidad y armonía – y por encima de todo, de paz.

En consecuencia, la sociedad formada por estas familias de paz será una sociedad de paz. Si las familias en la sociedad se convierten en armoniosas y se ayudan las unas a las otras, la sociedad indudablemente será brillante y pacífica, ya que el orden será establecido y la unidad será alcanzada. La nación formada por este tipo de sociedades de paz también se convertirá en una nación de paz.

La paz mundial basada en el amor de Dios

Por otra parte, una nación no es una simple asamblea de muchas sociedades. Es una organización estructurada compuesta y basada en individuos y familias de amor. Dentro de ella, el orden perfecto y la unidad deben ser establecidos y, luego, la verdadera paz de la nación puede realizarse.

En otras palabras, incluso una nación necesita el amor de Dios para poder realizar y mantener su paz. Aunque las familias, que son la base de una nación, estén centradas en el amor absoluto, la nación como un cuerpo orgánico debe también ser capaz de practicar el amor absoluto como nación, a nivel nacional.

El gobierno y las personas de la nación deben lograr unidad de forma interna, y la nación, de forma externa, debe unirse con los países vecinos, para así realizar la verdadera paz.

Aunque sea innecesario decirlo, la paz mundial sólo puede conseguirse sobre el fundamento de paz de todas las naciones. Cuando cada nación deje de poner todo su énfasis en el intercambio y en otras maneras de asegurar su propio interés nacional, cuando cada nación empiece a servir a otras naciones y al mundo con amor absoluto, y cuando cada nación mantenga una postura internacional de forma consecuente, la paz eterna de la humanidad estará asegurada.

La búsqueda de la verdad, bondad y belleza, conduce a un mundo de paz

En consecuencia, se hace evidente que la paz mundial empieza por la paz individual y se expande a las familias, sociedades y naciones para cubrir en última instancia al mundo entero.

En este punto, me gustaría mencionar la relación entre el amor absoluto y los valores absolutos. El amor es el fundamento para los valores de la verdad, bondad y belleza. Por ejemplo, cuando una persona practica el amor hacia otros, la sociedad lo llama bondad. Por consiguiente, se deduce que cuando una persona practica el amor absoluto, que es el amor de Dios, resulta la bondad absoluta. Así que, las acciones de un individuo practicando amor absoluto por la paz son absolutamente buenas. De la misma manera, las acciones de una familia practicando amor por la paz, son también buenas. Lo mismo es cierto para las sociedades, naciones y el mundo.

En otras palabras, para llegar a realizar una paz verdadera, el individuo, la familia, la sociedad, nación y el mundo deben practicar amor absoluto y de esta manera realizar los valores absolutos que son: la verdad absoluta, la bondad absoluta, y la belleza absoluta. El mundo de hoy requiere urgentemente la práctica de la bondad absoluta para detener la influencia del mal que genera el caos.

Amor, verdad absoluta, bondad absoluta y belleza absoluta no pueden realizarse sin el conocimiento sobre el amor absoluto –el amor de Dios– ya que el amor da lugar a los valores espirituales de la verdad, bondad y belleza. Y donde estos valores absolutos no son realizados, no puede haber verdadera paz.

En consecuencia, para conseguir la verdadera paz para la humanidad, necesitamos practicar el amor absoluto. Pero antes de practicar el verdadero amor, primero debemos entenderlo.

Ya he declarado que el amor absoluto es el amor que actúa por el beneficio de los demás, que sirve a los demás y que es inmutable y eterno. Entonces, ¿por qué el amor absoluto sirve al todo y sigue siendo inmutable? Y, ¿por qué la paz puede solo ser realizada a través del amor? Estas preguntas requieren respuestas.

Para conseguir verdadera paz, necesitamos entender al Ser Absoluto

Para que estas preguntas puedan ser contestadas de forma completa, el Ser Absoluto y Su motivación y propósito para crear al universo y a la huma-

nidad debe ser clarificado primero. El motivo y propósito para la creación sirven particularmente como estándares indispensables para la práctica del amor y el establecimiento de la paz. Antes de poner ningún plan en acción, debe primero haber un propósito definido. Cualquier acción sin propósito no tiene sentido.

Si el Ser Absoluto creó a la humanidad y su intención era que la gente practicara Su amor, entonces es cierto que hay un motivo y un propósito para la creación de los seres humanos. Con el fin de que ese motivo y propósito se clarifiquen, una explicación sobre el Ser Absoluto, que es un concepto correcto de Dios, debe establecerse primero. Al establecerse el concepto correcto de Dios, clarificará Su motivación y propósito de la creación y, sobre esta base, podremos saber la razón por la que debemos practicar el amor del Ser Absoluto para poder realizar la paz.

En consecuencia, sostengo que para la verdadera paz de la humanidad, hace falta entender al Ser Absoluto de forma correcta para poder practicar Su amor y finalmente realizar Sus valores absolutos.

Estos puntos concluyen las ideas que quería compartir con ustedes. Para finalizar, me gustaría desearles a todos mucho éxito en esta conferencia y espero que contribuyan en la búsqueda de la paz para la humanidad.

Muchas gracias.

Herencia Espiritual de España

Egeria (Etheria)

Vivió en Siglo IV

A finales del siglo IV, la gallega Egeria peregrinó a oriente y visito los Santos Lugares. Considerada una de las primeras viajeras de la historia, fue también de las primeras escritoras hispanas. No hay constancia exacta de la fecha, el lugar y las circunstancias de su muerte.

Aunque sus datos biográficos son pocos, se supone que era originaria de Gallaecia (Galicia) en la provincia romana de Hispania, e incluso algún autor ha propuesto la posibilidad de que pudiera pertenecer a la comarca de El Bierzo, en la Gallaecia interior. Algunos datos sobre los que no parece haber discusión son su ascendencia noble, su posición económica acomodada y su notable cultura. En sus escritos se revela como una mujer de profunda religiosidad pero también de ilimitada curiosidad.

Se sabe que visitó los Santos Lugares (Egipto, Palestina, Siria, Mesopotamia, Asia Menor y Constantinopla), en un largo viaje, entre 381 y 384, recogiendo sus impresiones en su libro Itinerarium ad Loca Sancta libro que tuvo cierta difusión por narrar de forma minuciosa y, sobre todo, animada el viaje. Atravesó el sur de Galia (hoy Francia) y el norte de Italia; cruzó en barco el mar Adriático. Se sabe que llegó a Constantinopla en el año 381. De ahí partió a Jerusalén y visitó Jericó, Nazaret y Cafarnaúm. Partió de Jerusalén hacia Egipto en 382, visitó Alejandría, Tebas, el mar Rojo y el

Sinaí. Visitó luego Antioquia, Edesa, Mesopotamia, el río Éufrates y Siria desde donde regresó vía Constantinopla.

El manuscrito está redactado en latín vulgar (tal y como se hablaba en la época), lo cual ha sido de gran utilidad para estudiar la transición del latín clásico al más tardío. Hasta el año 1884, la única referencia a esta mujer aparecía en una carta a los monjes de El Bierzo escrita por San Valerio. En ese año Gian Francesco Gamurrini encontró en la Biblioteca de la Cofradía de Santa María de Laicos en Arezzo, Etruria, un códice en pergamino de 37 folios, en letra beneventana del siglo XI, estaba incompleta, sin algunos folios del principio y del final y, por lo tanto, sin autoría declarada. Esta parte del códice, que relataba un viaje por Tierra Santa, había sido redactada en el monasterio de Montecassino y trasladada a Arezzo por Ambrosio Restellini, abad de Montecassino desde el año1599 al 1602. Hoy en día el manuscrito se conserva en el museo de la ciudad de Arezzo. En el año 1903 Mario Ferotín publica un estudio en la Revista de Cuestiones Históricas, atribuyendo el mismo a la virgen española Egeria.

De esta monja hablaba San Valerio en la carta mencionada más arriba, y haciendo un resumen de su viaje que coincide en muchos puntos con el viaje relatado por el manuscrito de Arezzo: Fecha, punto de partida («de la costa occidental del Mar Océano»), etapas, duración, e incluso en algunos casos San Valerio utiliza idéntico estilo y vocabulario en la descripción del trayecto. Desde la publicación del artículo de Ferotin nadie duda de la autoría de Egeria para el pergamino de Arezzo. Existe otra referencia que permite rellenar algunas de las lagunas de los primeros folios ausentes del manuscrito: el Liber de locis sanctis de Pedro Diácono, quién también menciona a la peregrina gallega.

Los distintos códices que se conservan de la carta de San Valerio recogen su nombre de diferentes formas: Aetheria, Echeria, Etheria, Heteria, Eiheriai o Egeria.

La narración describe con detalle el modo de viajar a través del cursus publicus romano, la red de vías utilizadas por las legiones en sus desplazamientos (una red de 80.000 km), empleando como hospedaje las mansio, o casas de postas, o en otras ocasiones acogiéndose a la hospitalidad de los monasterios implantados en oriente desde hace años, pero todavía casi desconocidos en Occidente. Varias menciones a lo largo del manuscrito sugieren la posibilidad de que contara con algún tipo de salvoconducto oficial que le permitió recurrir a protección militar en territorios especialmente peligrosos. El Itinerarium se divide en dos partes: la primera narra el viaje y comienza cuando Egeria está a punto de subir al monte Sinaí, tras haber visitado Jerusalén, Belén, Galilea y Hebrón. Desde ahí se dirige al monte Horeb y regresa después a Jerusalén atravesando el país de Gesén. Viaja después al Monte Nebo y a Samaria y, cuando se cumplen tres años de su partida, vuelve de nuevo a Jerusalén y decide regresar a Gallaecia (Galicia). Durante su regreso visita Tarso, se detiene en Edesa, visita Siria y Mesopotamia, y de nuevo a Tarso. Desde ahí pone rumbo a Bitinia y Constantinopla. El diario del viaje termina en ese punto, aunque antes de concluir aún expresa su deseo de visitar Éfeso. La segunda parte del diario describe la liturgia tal y como se lleva cabo en Tierra Santa, en oficios de diario, domingo y durante las fiestas de Pascua y Semana Santa.

El Itinerarium de Egeria es un documento de gran interés para el conocimiento de la liturgia de los primeros siglos del cristianismo al tiempo que prueba la antigüedad de la tradición que identifica los Santos Lugares. Se trata de un testimonio de primera mano que recoge numerosas costumbres de la época y tiene además un valor filológico, pues incluye locuciones del latín popular tardío.

Lo que más impresionó del personaje fue la aventura en sí, porque es realmente sorprendente que una mujer en el siglo IV se vaya desde Gallaecia (Galicia) a Tierra Santa, al otro extremo del mundo. Más de 5.000 kilómetros, en su mayor parte recorridos a lomos de un burro.

Una parte del Itinerario está escrito en latín vulgar, con matices cultos. Se supone que era una mujer que gozaba de una buena posición social, pues de lo contrario no habría podido afrontar semejante viaje. López Pereira sostiene que era pariente del emperador Teodosio. “De hecho llevaba protección y una especie de salvoconducto”, apunta Luis Menéndez.

En una de sus cartas escrita en Arabia comenta a sus hermanas: “A partir de este punto despachamos a los soldados que nos habían brindado protección en nombre de la autoridad romana mientras nos estuvimos moviendo por parajes peligrosos. Pero ahora se trataba de la vía pública de Egipto, que atravesaba la ciudad de Arabia, y que va desde la Tebaida hasta Pelusio, por lo que no era necesario ya incomodar a los soldados”.

Allí por donde iba los monjes, sacerdotes y obispos la recibían, guiaban y acompañaban como si fuera una celebridad. No le faltaban facilidades para moverse libremente y cuando se adentraba por lugares que podían resultar peligrosos era escoltada por soldados. Los peregrinos cristianos como Egeria pudieron viajar a tan lejanas tierras gracias a la pax romana y a la red de calzadas del Imperio romano. Una red que cubría unos 80.000 kilómetros y atravesaba desde Escocia a Mesopotamia, del Atlántico al Mar Rojo, de los Alpes a los Balcanes, del Danubio al Sahara. Este increíble trazado permitía llegar desde todos los rincones del Imperio hasta el corazón mismo de la metrópoli. Aunque eran viajes largos, costosos y muy duros, las personas de rango que como Egeria disponían de un salvoconducto o pasaporte -imprescindible en la época- tenían garantizada al menos su seguridad.

Su primer viaje fue a Jerusalén, motivado por su sed de conocimiento; prudentemente la cubrió con el paño de visita piadosa. La verdad es que quería conocer los llamados Lugares Santos pues deseaba comprobar los datos geográficos que se tenían sobre esa parte del mundo.

En su largo viaje (entre 381 y 384) fue escoltada y acompañada por personajes que encontraba en el camino, desde sacerdotes hasta altos militares, quienes consideraban un honor acompañarla. La chica no desperdició el tiempo y escribió un diario, Peregrinación o itinerario, en donde detalló los pormenores de su viaje, las cosas interesantes que encontraba y las costumbres de cada lugar.

Egeria permaneció un tiempo en la zona, planeando otras expediciones. Su recia personalidad fue admirada por algunas personas y severamente criticada por otras, pues en aquella época ninguna mujer "de buena cuna" salía sola, ya no digamos de su país, ni siquiera de su pueblito. El viaje de Egeria fue un gesto de libertad soberana que retó a todo el mundo conocido.

Aquí acaba el diario y el resto de su existencia es un misterio. Se cree que Egeria empezaba a sentirse enferma, pues en sus últimos escritos hace alusión a un gran cansancio y a su poca apetencia por alcanzar Galicia. Se desconoce si volvió a su patria. Algunos años más tarde se derrumbó el Imperio Romano y hubo gigantescas invasiones bárbaras, por lo que viajar se convirtió en un enorme peligro y las mujeres vivieron más encerradas que nunca. Quizá la peregrina encontró su lugar en las amplias calzadas romanas…

Según expresa "Nuestro Dios Jesús," -escribe- "que no abandona a aquellos que esperan en Él, se ha dignado permitirme la realización de este deseo".

La gracia de Dios le procura “no solamente la voluntad de ir sino también la posibilidad de realizar lo que deseaba”.

Su cultura era superior a la común y aunque el latín con el que se expresa no es el de la sociedad culta, no por ello carece de una cierta simplicidad y de cierto encanto. Su curiosidad no tiene límites, ella misma lo confiesa. Sus expresiones hablan de un carácter ingenuo y candoroso.

Selección de Textos:

Entre tanto, llegamos andando a un lugar, en el que aquellas montañas entre las que marchábamos, se abrían formando un extensísimo valle, enorme, muy llano y hermoso; tras el valle, apareció el monte santo de Dios, el Sinaí.

Este sitio por donde se extienden las montañas está próximo al lugar en que están las Memorias de la Concupiscencia. Cuando llegamos, pues, a este sitio, aquellos santos guías que iban con nosotros nos advirtieron diciendo: “es costumbre que, al llegar aquí, se haga oración, tan pronto como se distinga en la distancia el monte de Dios”, cosa que inmediatamente hicimos.

Había desde aquel lugar hasta el monte de Dios una distancia tal vez de unas cuatro millas a lo largo de todo aquel valle, que, como dije, era enorme.

Allí, entre la iglesia y el monasterio, brota de la roca un abundante manantial de aguas limpias, muy hermoso y transparente, del mejor sabor. Preguntamos a los santos monjes que allí vivían qué clase de agua era aquella y de tal sabor y ellos respondieron: “Este es el agua que el santo Moisés dio a los Hijos de Israel en este desierto”.

Pasado algún de tiempo, quise conocer también la región de Ausitide, a fin de ver la memoria del santo Job y hacer oración. Me crucé con muchos santos monjes que de allí regresaban con dirección a Jerusalén, para ver los Santos Lugares y orar. Ellos me refirieron todo lo que habían visto, por lo que ardió en mí un mayor deseo de realizar el viaje y llegar cuanto antes. Se puede decir que no es un trabajo laborioso, cuando una persona ve que su deseo puede hacerse realidad.

También en Belén, durante ocho días seguidos, se hace la celebración con el mayor esplendor y regocijo, con la intervención de los presbí-

teros y todo el clero del lugar y los monjes que allí se encuentren. Pues, a la misma hora en que todos regresan de noche a Jerusalén con el obispo, los monjes que hay en Belén hacen vigilia en la iglesia hasta el amanecer, recitando himnos y antífonas, porque el obispo tiene que estar siempre en Jerusalén, durante esos días. En solemnidades tan grandes y con la alegría propia de esas fechas, infinidad de gente acude a Jerusalén de todas partes, no sólo los monjes, sino también los laicos, tanto hombres como mujeres.

A la hora del canto de los gallos se desciende desde el Imbomon, cantando himnos, hasta donde oró el Señor, como está escrito en el evangelio: "Y se retiró como a un tiro de piedra e hizo oración". Hay aquí una iglesia muy bonita. El obispo pasa a su interior con todo el pueblo, dice una oración apropiada al día y al lugar, se dice un solo himno alusivo y se lee el pasaje evangélico cuando dice a sus discípulos. "Vigilad para que no entréis en tentación", se lee aquí el pasaje entero y de nuevo se hace oración.

San Isidoro de Sevilla

Nace: 556 en Cartagena (Murcia).
Muere: 4 de abril de 636 en Sevilla.

En España comenzaba a surgir una nueva civilización de la mezcla de los diferentes pueblos que la componían. San Isidoro se puso a la tarea de unir estos pueblos que formaban el reino Hispano-Gótico en una nación homogénea teniendo en mente que tanto el bienestar espiritual como el material dependían de la completa asimilación de los elementos extranjeros.

Introdujo a Aristóteles (antes que los Árabes) en sus enseñanzas y fue el primer escritor Cristiano que trató de recopilar para sus correligionarios una "summa" del conocimiento universal.

En el IV Concilio de Toledo, Isidoro influyó de manera decisiva en la trayectoria "política" de la España visigoda, mediante la limitación del poder del rey y el deber de obediencia, basado en la fidelidad y lealtad. Según la interpretación isidoriana, los príncipes se instituyen para imponer el bien sobre el mal. Su misión es, por tanto, obrar rectamente, de ahí la frase de San Isidoro: Rex eris si recte facias, si non facias non eris (El ejercicio de la potestad regia pasa a ser, pues, un deber y no un derecho).

En cuanto a las Etimologías, su obra fundamental, es una suma gramatical para uso de un tiempo en que la expresión oral y escrita es un arte que tiene estatuto de saber, y que además transmite conocimiento.

Las Etimologías tenían la misma utilidad que la Enciclopedia Larousse en una biblioteca moderna. Había necesidad de consultarlo frecuentemente.

Esencialmente la idea básica de Isidoro es que a través de las etimologías es posible llegar a los significados de las cosas. Como consecuencia de este proyecto, fueron rescatadas del olvido una gran cantidad de ideas y concepciones procedentes de autores clásicos, con lo que pudieron ser transmitidas a las escuelas medievales. Isidoro quiere penetrar con su obra en el sentido de las palabras, que son símbolos de las cosas. Por lo tanto, en cierto sentido, el que conoce el nombre de una cosa conoce también su esencia, la cual hay que buscar analizando el sentido de la palabra con que se designa. No se trata de un procedimiento etimológico en sentido estricto, sino de penetrar en el sentido de las palabras, sirviéndose de un método interpretativo más o menos arbitrario.

El pensamiento científico y filosófico isidoriano "presenta la gramática como la ciencia madre, situada en la base de todos los otros conocimientos, que se fundan primero en ella". Los procedimientos del pensamiento de Isidoro son básicamente: la analogía, la etimología, la glosa y la diferencia.

No podemos ver en Isidoro sólo un gran recopilador, un simple erudito, él realiza una labor de síntesis; su visión totalizadora se desarrolla como una filosofía Cristiana de carácter neoplatónico; una teología profundamente fundamentada en la Biblia y en los Padres de la Iglesia, especialmente en San Agustín de Hipona; una cosmovisión ecléctica en la que se asumen en un todo doctrinas platónicas, aristotélicas, epicúreas y estoicas; una recopilación jurídica que constituye el antecedente del "Fuero Juzgo"; y una magna concepción histórica inspirada en San Agustín.

En fin, para San Isidoro, la filosofía es la cumbre del saber racional humano, aunque subordinada a la fe, pero con autonomía propia. Enfatiza la tesis de la patrología de que "el hombre es un microcosmos creado por Dios, imagen divina y compendio de la naturaleza visible e invisible. El hombre consta de cuerpo material y alma incorpórea e inmortal".

Selección de textos:

En orden a la conversión y enmienda de los mortales, aprovechan en gran manera los ejemplos de los santos, pues las costumbres de los incipientes no pueden perfeccionarse en el bien vivir de no ser modeladas a ejemplo de los maestros de la perfección.

Deben conocer los que están entregados al vicio cuán útilmente para ellos se les proponen los ejemplo de los santos; a saber, o bien para que tengan modelos que imitar en orden a la enmienda, o por lo menos para que, al compararse con éstos, experimenten un castigo más duro por su desobediencia.

Y si a menudo hemos seguido los ejemplos de los malos, ¿por qué no hemos de imitar las acciones de los santos, encomiables y gratas a Dios?

Y si fuimos capaces de imitar en el vicio a los perversos, ¿por qué somos negligentes en seguir a los justos por la senda del bien?

Más aprovecharán para nuestro bien si nos decidimos a imitar tan grandes ejemplos de virtud. En cambio, si los rechazáramos en lugar de imitarlos, servirán para nuestra condena, porque, a pesar de cono-

cerlos, rehusamos ponerlos en práctica.

Es propio de varones ya perfectos obrar la justicia no a imitación de un santo cualquiera, sino contemplando la misma Verdad, a cuya imagen han sido creados. Esto indica la frase: Hagamos al hombre a nuestra imagen y semejanza, porque al conocerla imita la propia divinidad, a cuya imagen ha sido creado.

Los ejemplos de los Santos, que edifican al hombre, hacen que las distintas virtudes revistan un carácter sagrado: la humildad, por Cristo; la devoción, por Pedro; la caridad, por Juan; la obediencia, por Abraham; la paciencia, por Isaac; el sufrimiento, por Jacob; la mansedumbre, por Moisés; la constancia, por Josué; la benignidad, por Samuel; la misericordia, por David; la templanza, por Daniel; y así, en las restantes virtudes de los justos que nos precedieron, el varón santo considera, al imitarlas, el esfuerzo, la moderación, la rectitud y el espíritu de penitencia con que se practicaron.

La compunción del corazón es el sentimiento de humildad del alma acompañado de lágrimas que brota del recuerdo de los pecados y del temor al juicio.

El sentimiento de compunción más perfecto en los conversos es aquel que aparta de sí todo afecto a los deseos de la carne y que fija la atención, con toda la intensidad del alma, en la contemplación de Dios.

De cuatro clases son los sentimientos que mueven a compunción el alma del justo con dolor saludable; a saber: la conciencia de los delitos pasados, el recuerdo de las penas futuras, el pensamiento de su peregrinar a lo largo de esta vida, el deseo de la patria celeste, con la decisión de llegar a ella cuanto antes.

De igual modo que una persona, aunque sea torpe de inteligencia, logra sacar fruto gracias a su empeño y a su diligencia en el estudio, así el que descuida el don de inteligencia que Dios le ha dado se hace culpable de condena, porque desprecia un don recibido y lo deja sin dar frutos. Si la doctrina no está sostenida por la gracia, no llega al corazón aunque entre por los oídos. Hace mucho ruido por fuera, pero no aprovecha al alma. Sólo cuando interviene la gracia, la palabra de Dios baja desde los oídos al fondo del corazón, y allí actúa íntimamente, llevando a la comprensión de lo que se ha leído.

Muhammad Ibn Masarra

Nace: 883 en Córdoba. Muere: 931.

Es el primer filósofo y gnóstico andalusí. Su familia descendía de muladíes (conversos al Islam).

Ibn Masarra, que estudió la obra del filósofo greco-siciliano Empédocles, formó en Córdoba las bases de una escuela filosófica que llevaría su nombre y que haría la primera síntesis de las más elevadas tradiciones espirituales de Asia y de África.

Precisamente, Ibn Masarra es un defensor acérrimo del monoteísmo abrahámico y el carácter del Uno divino. Se han recuperado sólo dos de sus numerosas obras: El libro de la explicación perspicaz (Kitab al-Tabsira) y El libro de las letras (Kitab al-Huruf). Luego de recorrer el Norte de África con sus discípulos, Ibn Masarra se radicó en Córdoba, donde pudo desarrollar sus tareas bajo la protección y el estímulo del califa Abderrahmán III (912 a 961).

La obra de Ibn Massarra no sólo sería polémica en Al-Andalus; transcendió a todo el mundo árabe. Su obra como tal no ha llegado, pero sin embargo, conocemos el título de dos de sus importantes escritos: Libro de la explicación perspicaz y Libro de las letras, en los cuales expone y defiende su sistema, bajo la apariencia musulmana del motazilismo y del sufismo batimí.

De acuerdo con el pensamiento de Ibn Massarra, sus fundamentos filosóficos formarían escuela a partir de Empédocles, y sus teorías acerca del origen de la materia, del origen de la existencia. Se apoyaría de igual forma para su punto de partida e intento de explicación comprensiva de la existencia como problema filosófico, en Plotino y Aristóteles, a los que siguió con gran conocimiento.

En su teoría acerca de la existencia, mantiene Ibn Massarra que en todo lo creado (a partir del axioma de la creación) existe algo paciente o receptor que se hallaría frente al actor creador en sí. Ese algo paciente puede ser comparado, de forma simbólica, con una materia, a partir de la cual estaría hecho el mundo. O, con otras palabras, y para evitar el gravísimo error teológico de pensar la posibilidad de que un dios creara el mundo a partir de algo existente fuera de él, afirma que la realidad es el acto puro y la recepción pura, inseparables dentro de la esencia divina, enfrentándose en la existencia finita. Todo ello caracterizaría a las criaturas, es decir, a lo finito o creado. Acto y recepción, acción y pasividad, etcétera, se diferencian, como polos extremos, entre los cuales se desarrollan las criaturas.

De todo ello se deduce que el acto puro estaría siempre del lado de la unidad. Como una luz que parte de una fuente, mantiene una acción el polo receptor comparado a un espejo que refleja dicha luz, o como un medio que la refracta. Todo ello sería la raíz de la pluralidad. A esta materia originaria, o fuente original, se la conoce en griego con el término hyle, y hayûla en árabe, que entre otras cosas viene a significar la conocida distinción de la Grecia antigua entre forma y materia, que a su vez sería plásticamente formulada a modo de ejemplo artístico, donde una forma existente en la mente es posible imprimirla en una materia moldeable (por ejemplo, la estatua).

La materia original en el pensamiento de Ibn Massarra, sigue de cerca a Aristóteles, el cual manifestó que la materia original en sí, antes de tomar una forma, no es ni visible ni imaginable. Es su teoría acerca de los polos activo y receptivo, los cuales en sus diferentes relaciones van creando todo un universo y jerarquía de grados de existencia, que resultaría de la determinación mutua entre estos polos: de las nupcias del polo puramente activo con el puramente receptivo nace, como primer grado, una realidad relativamente activa, frente a la cual se halla, como segundo grado, otra realidad relativamente receptiva; las nupcias de los polos se van repitiendo de forma gradual hasta llegar a la materia, aunque de una forma relativamente receptiva, que daría lugar -según esta teoría- a la base del mundo físico, y que fue llamada por los filósofos latinos materia signata quantitate. Con todo ello, los dos polos primeros -el acto puro y la materia original- permanecerían siempre iguales a ellos mismos: la materia original, pues, sería, hablando en términos esotéricos, la madre fecunda y siempre virgen del universo.

En su intento de explicar el origen del mundo y las cosas a partir de la materia original, Ibn Massarra haría uso de la conocida parábola de los polvitos solares, que se remontan a Alí, yerno del profeta, que haría precipitar en el Islam gran parte de las fórmulas filosóficas y sufíes. Esta parábola dice que sin la irradiación del Sol, que cae sobre las partículas de polvo suspendidas en el aire, éstas no podrían aparecer visibles, y sin las partículas de polvo los propios rayos solares no se distinguirían en el aire; éstas se corresponden a la materia original que, en sí, sin el reflejo de los rayos del Sol, a imagen de la luz divina, carecerían de entidad.

La doctrina de la materia original recibe un sentido que va mucho más allá del horizonte exclusivo de la filosofía, en cuanto está se halla ligada al pensamiento deductivo. En última instancia, la parábola de las partículas de polvo iluminadas por el sol se refiere al concepto del conocimiento de la unidad e indivisibilidad de Alá. Importante cuestión ideológica que conllevaría las sucesivas transformaciones políticas y culturales que darían como logro la revolución de los andalusíes en Al-Andalus.

A nivel ideológico, era la pugna entre la concepción unitaria de Alá y de la división trinitaria de Dios cristiana. Así pues, en el pensamiento de Ibn Massarra vemos la imagen de un andaluz unitario inserto en la vorágine de los acontecimientos revolucionarios islámicos que, por su nombre, ya es un fiel reflejo de la arabización y la islamización de la Bética, y que en su pensamiento deductivo ha traspasado el simple campo del gnosticismo hacia una comprensión intelectual del Islam.

Existe un esquema que ilustra el manuscrito, donde los estados del mundo físico, psíquico y espiritual se representan todos de un modo continuo y en un mismo nivel formando círculos concéntricos. El círculo exterior de esta jerarquía lleva el título: El primer efecto, el primer ser creado, el origen de todas las criaturas, en el cual están contenidas las criaturas. Ello no significa otra cosa que el espíritu universal o la primera facultad cognoscitiva, el intelectus primus latino de los cosmólogos musulmanes.

De alguna forma, el criterio cristiano también quedaría señalado aquí, y se trataría del reflejo inmediato del logos en la creación. En el exterior de este círculo encontramos dos círculos más, estando marcado el interior de éstos con la denominación de forma original (la forma in potentia de los latinos), que se refiere al polo activo o generador del universo. Ello recuerda particularmente la doctrina de Ibn Gabirol y también el hecho de que por encima de todos los círculos se encuentre la leyenda: Voluntad del creador como señalando la última razón de la existencia.

Por encima del sistema geométrico de los grados de existencia, encontramos la imagen del Cristo entronizado, cuyos pies son tocados por los círculos más altos y las figuras humanas que ascienden hacia ellos. La posición sui generis que ocupa la obra, su papel como eslabón que une al mundo cristiano-unitario y gnóstico, con la revolución andalusí musulmana en Al-Andalus.

.No obstante, el carácter cristiano del escrito está al margen de toda duda. En el texto se manifiesta a cada paso, particularmente por explicarse los grados del conocimiento contemplativo con palabras del apóstol San Pablo. Por encima del sistema geométrico de los grados de existencia se halla la imagen de Cristo entronizado, cuyos pies son tocados por los círculos más altos y las figuras humanas que suben hasta ellos. La posición sui generis que ocupa la obra, su papel como eslabón que une el mundo árabe-islámico con el latino-cristiano, encuentra su expresión directa en la siguiente frase que pone punto final a la descripción de los grados del ascenso o descenso espiritual del alma:

Las aquí citadas diez bienaventuranzas y diez tormentos generales eran, como yo tengo por verídico y creo fervorosamente —si es cierto lo que se transmite—, conocidos por los justos y muy sabios legisladores que se esforzaron por la salvación de los demás hombres y sobre los cuales descendió la luz de Dios, de modo que tenían sobre su lengua el conocimiento y las palabras de Dios, me refiero a Moisés, Mahoma y Cristo, siendo el tercero más poderoso que los otros dos y más potente en su discurso…

Averroes

Nace: 14 de abril de 1126 en Córdoba.
Muere: 10 de diciembre de 1198 en Marrakech (Marruecos).

Filósofo, astrónomo y médico español (en ese momento, bajo dominación musulmana, Al-Ándalus). Nace en el seno de una familia de estudiosos del derecho, de abuelo y padre juez (Cádiz). A finales del siglo XII una ola de fanatismo invade Al-Ándalus después de la conquista de los Almohades y es desterrado y aislado en la ciudad de Lucena, cerca de Córdoba, prohibiéndose sus obras.

Sus influyentes comentarios e interpretaciones únicas sobre Aristóteles revivieron en Occidente el interés por la antigua filosofía Griega, cuyas obras habían sido abandonadas desde el siglo sexto. Examina de manera crítica la tensión entre filosofía y religión.

Averroes es tenido como el mejor comentarista de Aristóteles. Fue un defensor de la filosofía Aristotélica contra Al-Ghazali, cuyos sentimientos antifilosóficos se dan en la tradición Sunita, alegando que la afirmación de muchos teólogos musulmanes de que la filosofía está fuera del Islam no tenía fundamento alguno en las escrituras. Se cree que Averroes fue influenciado por la filosofía de Ibn Bajjah.

Sus comentarios aristotélicos buscaban principalmente:

1) Limpiar el corpus de la filosofía islámica de concepciones emanacionistas neoplatónicas.
2) Separar la filosofía pura de argumentos teológicos procedentes de al-Farabi y de Avicena.
3) Rescatar el pensamiento aristotélico "puro".

Averroes en los Manahiy, aunque conoce el argumento del motor inmóvil para probar la existencia de Dios y, de hecho, lo expone en los comentarios a Aristóteles, se fija principalmente en el argumento de finalidad.

Averroes viajó a Marrakesh, donde estuvo bajo el patronazgo del califa Abd al-Mu´min. Los Almohades, como sus antecesores Almorávides, era un movimiento de reforma Bereber con influencia Karijita del Norte de África.

Fundamentado en la teología de Ibn Tumart (1078-1139), que enfatizaba la unidad divina y la idea de promesa y amenaza divina. Mantenía que un sistema de leyes positivas podía coexistir con una teología práctica y racional. Esto llevó al concepto que la ley necesitaba antes que nada estar basada principalmente en la revelación en lugar de las tradiciones de los juristas. Ibn Talmart afirma en su teología que la existencia y esencia de Dios podía ser establecida únicamente mediante la razón, y usó este argumento para proponer una teoría ética legal que dependiera de la trascendencia divina.

Bajo la influencia de Averroes, los Almohades se liberalizaron en gran medida, llevando esto al rechazo formal de la teología de Ibn Talmart y la adopción de la ley Malikita en 1229. A pesar de esta tendencia, la presión pública contra estas liberalizadoras actitudes en el gobierno llevó al rechazo formal de Averroes y sus escritos en 1195. Fue exiliado en Lucena, un pueblo habitado principalmente por judíos, se prohibieron sus escritos y quemaron sus libros. Este periodo de desgracia no duró mucho y Averroes regresó a Córdoba dos años más tarde, aunque murió el año siguiente. Persisten aún las dudas sobre la ortodoxia de Averroes pero, a medida que ha decrecido el interés Islámico en su filosofía, sus escritos han encontrado nuevas audiencias en los mundos judíos y cristianos.

Según Averroes, en el ejercicio de la filosofía alcanzaba la perfección y realización plena la razón humana, esto es, la facultad que define al sujeto humano y por la cual el hombre es propiamente hombre. Se seguía de aquí que solo el filósofo es propiamente hombre y que la mayoría de la humanidad vivía de facto en un nivel infrahumano, animal; al mismo tiempo, el filósofo, por la fuerza natural de la razón y del intelecto, conocía y se unía a las Inteligencias separadas e incluso a la causa primera, obteniendo así la felicidad suprema accesible al hombre mediante el ejercicio de la contemplación.

Algunas de sus obras: Comentarios mayores. Refutación de la refutación. Comentarios menores. Comentarios medios. Libro de las generalidades de la medicina.

Selección de textos:

Todas las religiones son obras humanas y, en el fondo, equivalentes; se elige entre ellas por razones de conveniencia personal o de circunstancias.

Cuatro cosas no pueden ser escondidas durante largo tiempo: la cien-

cia, la estupidez, la riqueza y la pobreza.

En la naturaleza nada hay superfluo.

Quien habla de cosas que no le atañen, escucha lo que no le gusta.

Cualquiera que se familiarice completamente con la anatomía y la fisiología humanas observará como se incrementa su fe en Dios.

En cuatro cosas -dice un lema español- supera Córdoba a las grandes urbes, y son: el puente, la aljama, Medina Azahara, y lo que vale más, la ciencia.

La filosofía no es más que el examen de los seres existentes y su consideración reflexiva como indicios que guían al conocimiento de su Hacedor, es decir, en cuanto que son cosas hechas. Y esto es así porque únicamente por el conocimiento del arte con que han sido hechos demuestran esos seres existentes la existencia del Hacedor, y cuanto más perfecto sea el conocimiento de ese su arte tanto más perfecto será el conocimiento que den del artífice.

El tirano es el más esclavo de los hombres y nunca alcanza a ver colmados sus deseos

La prudencia elige lo que hay que hacer y no hacer. El ingenio es el que juzga y sentencia.

Maimónides

Nace: 30 de marzo de 1135 en Córdoba.
Muere: 12 de diciembre de 1204 en Fustat (El Cairo, Egipto).

Filósofo, astrónomo, médico, rabino, teólogo y escritor español, de obra centrada en armonizar fe, razón, religión y filosofía.

Exiliado de su nativa Córdoba por la conquista almohade (1148). Se estableció finalmente en Egipto, donde llegó a ser el médico del visir Saladino (Salah ad-Din). Su Guía de Perplejos (escrita en árabe), dirigida a un discípulo con mentalidad, "deconstruye" los evidentes antropomorfismos del lenguaje profético para revelar la subyacente lógica de la absoluta perfección de Dios. Sostiene que ni el creacionismo bíblico ni el eternalismo aristotélico son demostrables. Pero la creación es más probable, y preferible teológicamente, puesto que puede explicar la diferencia que los actos de Dios introducen en el mundo y permite apoyarse en la libertad de Dios para explicar cómo la multiplicidad emerge de la pura simplicidad divina.

La revelación se adapta intelectualmente y culturalmente a sus receptores. Su exigencia fundamental es que persigamos la semejanza humana a Dios perfeccionando la humanidad en nosotros mismos -cuando menos, viviendo en paz unos con otros, como deberíamos saber sin necesidad de revelación-. Lo que distingue a la Ley de Dios es su expectativa de que con ella nos perfeccionamos moral e intelectualmente, mejorando nuestro carácter con ejercicios tales como el de echar sobre nosotros la carga de nuestro enemigo caído (Éxodo. 23:5), al tiempo que refinamos nuestras mentes en su búsqueda de contacto con Dios y la contemplación de su perfección mediante el estudio de la naturaleza, de las matemáticas, etc. Los profetas son filósofos (como enseñaba al-Farabi) cuyas dotes imaginativas aportan la retórica, la simbología y la historia que transforman en leyes, rituales y creencias las ideas abstractas y los valores que hacen que los no-filósofos tengan acceso a los frutos morales de la intuición filosófica. El Islam y el Cristianismo -que han difundido el monoteísmo por todo el mundo- son derivaciones de la profecía Israelita.

Para Maimónides la razón y la revelación conciernen al cuerpo de la verdad; cada una es una manera de acceder a la verdad, pensaba que había una importante sabiduría filosófica en la revelación. Su "teología negativa", su concepción intelectualista de la virtud humana, y su concepción del papel epistemológico de la tradición -por citar algunos ejemplos- son importantes filosóficamente a pesar de las muy numerosas diferencias entre su tiempo y el nuestro.

Algunas de sus obras: Mishné Torá (1180), Guía de perplejos (1190), Tratado sobre la resurrección de los muertos (1191), Guía de la buena salud (1198).

Selección de textos:

Son útiles o buenas las acciones que sirven a un propósito y lo alcanzan.

Acciones que causan gran daño se castigan severamente, mientras que las acciones poco dañinas se corrigen con mayor indulgencia.

A veces la calidad de la acción depende de la intención de quien la ejecuta; porque muchas cosas son útiles a juicio de una persona y superfluas a juicio de otras.

El hombre disfruta la compañía de sus amigos en los tiempos de prosperidad y salud; necesita de ellos en las horas aciagas; le acompañan y asisten cuando se hace viejo y le faltan las fuerzas.

La amistad es más frecuente e intensa entre padres e hijos y parientes. Sólo suele hallarse la verdadera fraternidad, el perfecto amor, la mutua ayuda, entre los miembros de una familia, sobre todo cuando descienden de un mismo padre o, al menos, de algún lejano antecesor. Por eso uno de los fines de la ley es robustecer los vínculos familiares.

¿Qué hay de común entre nuestro conocimiento y el de Dios, como no sea que los nombramos con un mismo vocablo? Los Profetas lo han expresado paladinamente: Porque mis pensamientos no son vuestros pensamientos, ni vuestros caminos mis caminos -dice el Señor-. Como son más altos los Cielos que la Tierra, así mis pensamientos y mis caminos son más altos que los vuestros.

Esto dicen también nuestros Sabios, según los cuales, el sentido más profundo es como perlas, y la interpretación literal de una figura, como piedra sin valor. Comparan ellos el sentido oculto, que está envuelto en el literal de un símil, a la perla perdida en una cámara os-

cura y llena de muebles. Ciertamente la perla está en la cámara, pero el hombre no acierta a distinguirla ni sabe dónde hallarla. Es como si no poseyera la perla, pues de poco le vale hasta que se haga luz. Y así, Salomón enseña: como manzanas de oro en filigrana de plata con pequeños resquicios, así es la palabra propiamente dicha. Advierte cuán bellamente se describen en esta imagen las condiciones que adornan a una buena semblanza.

Has de saber que cuando una persona ha logrado cierto nivel de perfección y desea comunicarlo a otros, de palabra o por escrito, no acierta a ser tan explícito y sistemático como lo sería si se tratase de una ciencia cuyo método es bien conocido. Tropieza en su afán de instruir a los demás con las mismas dificultades que hubo de vencer para indagar en el asunto; tan pronto la explicación parece luminosa, tan pronto oscura; y esta propiedad del tema parece que priva lo mismo cuando se trata del principiante que del sabio adelantado. Tal es la razón de que los grandes teólogos sólo den instrucción relativa a estos asuntos por medio de metáforas y alegorías. Si hubiéramos de enseñar estas disciplinas sin valernos de parábolas y figuras, nos veríamos obligados a recurrir a expresiones que, siendo a un tiempo profundas y transcendentales, no serían en cambio más claras e inteligibles que los símiles y las metáforas.

Maimónides resalta el concepto de libre albedrío, central en el pensamiento del sabio. En palabras del sabio: Ojala reconocierais la ventaja de la luz sobre las tinieblas. Rechazad la muerte y el mal y escoged la vida y el bien, ya que se os ha concedido la libertad.

También contiene un párrafo a favor de la razón "someted la materia a la razón", tema central en el pensamiento del Rambam (acrónimo judío del nombre de Maimónides: Rabbi Moshe ben Maimon).

En total acuerdo con su pensamiento central, son los muchos párrafos de su Testamento Ético que dedica a los beneficios que otorga el conocimiento.

Entre ellos: Tened como alcurnia vuestra instrucción, porque no hay ningún linaje como la instrucción.

En otra frase dice: Amad la sabiduría, buscadla como la plata, rastreadla como a un tesoro oculto. Permaneced en el umbral de las casas de los sabios, los que aprenden y los que enseñan. Allí tendréis vuestros esparcimientos.

Los consejos sobre modestia son frecuentes en sus cartas y siempre toma como modelo a Moisés (el legislador). Dice el sabio: Sabed que no hay ningún otro ornato como la modestia. Mirad el maestro de los profetas (Moisés) que se distinguió por ninguna otra virtud como la humildad.

Ramón Llull

Nace: 1235 en Islas Baleares.
Muere: 29 de junio de 1315 en Túnez.

Doctor Illuminatus, filósofo, poeta, y teólogo. Probablemente cortesano en la corte del rey Jaime de Aragón. En el 1291 marchó a Túnez, predicó a los Sarracenos, discutió con ellos sobre filosofía y, después de una breve estancia en París, regresó al Este para continuar como misionero. Después de sufrir muchas privaciones regresó a Europa en 1311 para exponer ante el concilio de Viena sus planes para convertir a los moros. Partió de nuevo en 1315 hacia Túnez, donde fue apedreado hasta la muerte por los Sarracenos.

Escribió numerosos textos (unos 300) en catalán y latín, tratando de expandir la teología Cristiana y analizando otras religiones. Con el mismo propósito en mente inventó un artificio mecánico, una máquina lógica, en la que los sujetos y predicados de las proposiciones teológicas estaban colocados en círculos, cuadrados, triángulos, y otras figuras geométricas, de manera tal que moviendo palanca, girando una manivela o haciendo girar una rueda, las proposiciones se ordenaban ellas mismas en afirmativo o negativo demostrando así que eran verdad. A esta máquina la llamó Ars Generalis Ultima o Ars Magna, dedicando la mayoría de sus más importantes obras a la explicación y descripción de la misma. El elemento esencial en el método de Ramón era la identificación de la filosofía con la teología. Los escolásticos del siglo XIII mantenían que lo que es verdad en filosofía no puede ser falso en teología, o viceversa.

Los Árabes las habían separado completamente manteniendo dos niveles de verdad, según los cuales lo que es falso en filosofía puede ser verdad en teología. Lull en su celo por refutar a los árabes, se situó en el extremo opuesto. Mantenía que no hay distinción entre filosofía y teología, entre razón y fe, de manera que los más grandes misterios pueden ser demostrados mediante la lógica y el uso del Ars Magna. Esto eliminaba toda distinción entre verdad natural y sobrenatural. El racionalismo de Lull era de tipo místico a diferencia, por ejemplo, del de Abelardo.

En el Libro de amigo y del amado comenta sobre las tres potencias del alma: entendimiento, memoria, y voluntad. A través de la lectura de los versículos del libro se puede deducir que la intuición básica de Llull, es la idea de que tanto el amor como la comprensión son necesarios en la misma medida en cuanto a la búsqueda de Dios. Veamos el siguiente aforismo o versículo:

En su libro Ars magna generalis ultima (1306): Llull cree haber encontrado un método infalible para la adquisición del saber y para convencer a los no creyentes de la verdad de la fe cristiana. Su mecanismo lógico-matemático está al servicio de una finalidad doctrinal.

Las autoridades de la Iglesia pronto reconocieron las peligrosas consecuencias que tenía la ruptura de la distinción entre verdad natural y sobrenatural. Por lo tanto, a pesar de su admirable celo, y su corona de mártir, Ramón no ha sido canonizado. Su misticismo racional fue condenado oficialmente por Gregorio XI en 1376 y esta condena fue renovada por Pablo IV.

Algunas de sus obras:Libro del Orden de Caballería (1281), Blanquerna (Incluye: Libro del amigo y el amado) (1283), Los cien nombres de Dios (1289).

Selección de textos:

El amor nace del recuerdo, vive de la inteligencia y muere por olvido.

La justicia te proporcionará paz y también trabajos.

La imaginación imagina de noche aquello que no halla de día.

La palabra cortés significa amable pensamiento.

La paciencia comienza con lágrimas, y, al fin, sonríe.

El que no se posee a sí mismo es extremadamente pobre.

Los caminos por los que el amigo busca a su amado son largos, peligrosos, poblados de dudas, suspiros y llantos, pero iluminados por el amor.

El amado le preguntó al amigo qué era el amor. Respondió éste que era la presencia de las facciones y de las palabras del amado en un corazón deseoso de amar, y el desfallecimiento debido a ese deseo y a los llantos en su corazón de amigo. Amor es un hervor de audacia y de temor provocado por el fervor. Amor es voluntad final de desear al amado. Y amor es aquello que hace que el amigo muera cuando oye cantar las bellezas de su amado.

Tanto amaba el amigo a su Amado que lo creía en todo cuanto le decía, y tanto anhelaba entenderlo que todo cuanto oía de él quería entenderlo por razones necesarias. Y por esto el amor del amigo se hallaba entre creencia e inteligencia.

Amor es un mar atribulado de olas y de vientos, que no tiene puerto ni ribera. Perece el amigo en el mar y en su peligro perecen sus tormentos. Amores surgen de amores y pensamientos de sufrimientos y llantos por los sufrimientos. Y los amores entran en los amores y los pensamientos en los llantos y los sufrimientos en los suspiros. Y el amado contempla a su amigo, que por su amor pasa por todas estas tribulaciones y esas hacen sus perfecciones.

Si el orgullo y la injuria lo fuesen todo, ¿qué son la humildad y la justicia? ¿Dónde están? ¿Quién tiene el oficio de mantenerlas?

Al caballo se le pone freno, y en las manos del caballero las riendas; para significar que el caballero debe frenar su boca no profiriendo palabras feas, ni mentirosas.

El amor y el temor se convienen contra el desamor y el menosprecio; y por esto conviene que el caballero, por la nobleza de su ánimo y buenas costumbres, y por un honor tan alto y tan grande como el que se le ha hecho por elección, por el caballo y las armas, sea amado y temido de las gentes; y que por el amor que recibe, devuelva caridad y ejemplo; y por el temor que causa, devuelva verdad y justicia.

Jorge Manrique

Nace: 1440 en Paredes de Nava (Palencia).
Muere: 24 de abril de 1479 en Santa María del Campo Rus (Cuenca).

Poeta y militar, cuya principal obra, las Coplas a la Muerte de su Padre, es aún leída hoy día. Apoyó a la reina Isabel I de Castilla, y participó activamente a su lado en la guerra civil contra su hermanastro, Enrique IV. La muerte de Rodrigo Manrique, su padre, le sirvió de inspiración para escribir su famoso poema.

Jorge Manrique era caballero de la orden de Santiago, un comendador, y capitán. Tenía un temperamento tranquilo y sensible bastante diferente respecto al ideal heroico que le inculcó su padre. Esta tensión es aparente en su poesía. Se casó con Guiomar de Castañeda, la hermana de la tercerea esposa de su padre, aunque una vez fallecido Jorge Manrique, su esposa exigió le fuera devuelta su dote, una indicación de que el matrimonió no fue feliz.

Su producción poética consiste en unas cincuenta composiciones. Además de su famosa oda y tres cortos poemas burlescos, escribió poemas de amor al estilo de la corte de la época; dos de esos poemas están dedicados a su esposa. En su poesía, Manrique trata el amor como fuente de instrucción moral y camino penoso hacia la perfección. Era amante de la tradición caballeresca.

Aunque no está verificado se cree que tanto Jorge Manrique como su padre están enterrados en la catedral de Uclés.

Algunas de sus obras: Coplas por la muerte de su padre (1494).

Selección de textos:

I
Recuerde el alma dormida,
avive el seso y despierte,
contemplando cómo se pasa la vida,
cómo se viene la muerte
tan callando;
cuán presto se va el placer,
cómo después, de acordado,
da dolor;
cómo, a nuestro parecer,
cualquiera tiempo pasado
fue mejor.

III
Nuestras vidas son los ríos
que van a dar en la mar
que es el morir;
allí van los señoríos
derechos a su acabar
y consumir;
allí los ríos caudales,
allí los otros, medianos
y más chicos,
y llegados son iguales
los que viven por sus manos
y los ricos.

V
Este mundo es el camino
para el otro, que es morada
sin pesar;
mas cumple tener buen tino
para andar esta jornada
sin errar.

XII
Los placeres y dulzores
de esta vida trabajada
que tenemos,
no son sino corredores
y la muerte, la celada
en que caemos

XXXVIII
No tengamos tiempo ya
en esta vida mezquina
por tal modo,
que mi voluntad está
conforme con la divina
para todo.
Y consiento en mi morir
con voluntad placentera,
clara y pura,
que querer hombre vivir
cuando Dios quiere que muera,
es locura.

María de Cazalla

Nace: 1487 en Palma del Río (Córdoba).
Muere: mediados del siglo XVI en Guadalajara.

Fue una religiosa española, perteneciente al círculo místico heterodoxo denominado Alumbrados, que, aunque su contenido teológico no está del todo aclarado, se ha propuesto como una de las primeras actividades del protestantismo en España.

Vivió la mayor parte de su vida en Horche y Guadalajara. Era hija de Beatriz Cazalla. Se casó con Lope de Rueda, un prominente burgués de Guadalajara. Fue madre de seis hijos, aunque inicialmente rechazaba el contacto carnal, por consejo de la beata Mari Núñez, quien la terminó denunciando a la Inquisición.

Pertenecía a la familia Cazalla, un ejemplo de la burguesía rica y culta, de origen judeoconverso, en la que abundaban letrados y teólogos; muchos de ellos fueron (más de veinte años después que María) procesados en los autos de fe de Valladolid de 1559. Especialmente destacado fue el Doctor Cazalla, Agustín de Cazalla, predicador y capellán de Carlos V, junto con sus hermanos Francisco, Beatriz y Pedro (hijos de Pedro de Cazalla, el contador real, y Leonor de Vibero). Su casa de Valladolid fue derribada y en el solar colocado un padrón de ignominia, porque los herejes Luteranos se juntaban en ellas a hacer reuniones. Otro de sus hermanos fue Juan de Cazalla, obispo humanista y erasmista, antiguo capellán del cardenal Cisneros, que intervino en los estudios de Agustín en la Universidad de Alcalá. Junto a su hermano Juan y su marido, María se relacionaba con Brianda de Mendoza, Isabel de Aragón y Mencía de Mendoza, de la poderosa familia Mendoza, que presidían la vida social de esa ciudad.

Su condición de beata franciscana la acercó a la espiritualidad del franciscanismo, en la que profundizó a través de conversaciones con los hermanos del convento de la Salceda. En 1519 se distanció de la beata Mari Núñez, pasando a recibir la influencia de Isabel de la Cruz, al igual que hizo otro miembro de su círculo, Pedro Ruiz de Alcaraz. Entre las dos Marías surgió una enemistad tan violenta y personal que los Cazalla decidieron trasladarse a Horche, y Mari Núñez denunció a Isabel y a su grupo a la Inquisición.

Se cita a María Arias y su marido Alfonso de la Cerda como "seguidores" de María de Cazalla. María Arias escribió un libro de comentarios bíblicos, en colaboración con Juan Cazalla (que lo tradujo al latín), muy alabado por Felipe Melanchton en la Dieta de Augsburgo (1530).

María de Cazalla llegó a la convicción de la necesidad de una vida religiosa más íntima y personal, alejada de la superficialidad externa. Valoraba la oración mental, no le satisfacían sacramentos como la confesión ni la comunión y criticaba los costosos ornamentos del culto. Se burlaba de las devociones habituales y de las mujeres que las seguían (las llamaba "miseras" y "papamisas"), considerando que "mejor estaban hilando en su casa". En una ocasión, en que se vio forzada a comprar una bula, dijo con el documento en la mano: ¡Mirad que traigo de cristiandad comprada!

Al abrirse el proceso contra los Alumbrados de Toledo, fue interrogada por la Inquisición en 1525 y entró en prisión en 1532. Su proceso duró hasta diciembre de 1534, y en él se conjuntaron luteranismo, erasmismo y alumbrados. Fue sometida al potro y la toca, y la mantuvieron amordazada parte del tiempo de su cautiverio. Finalmente fue absuelta de los cargos más graves, sometida a vergüenza pública en una iglesia de Guadalajara y multada con cien ducados, prohibiéndosele mantener contacto con sus antiguas relaciones.

María leía e interpretaba en vivo la palabra de Dios porque no había en ella ninguna otra forma de mediación o intervención de esa palabra viva y en directo. María interpretaba y transmitía la palabra revelada por Dios en la Escritura del mismo modo que Teresa de Cartagena y Teresa de Jesús recibieron también la revelación directa ("yo te daré libro vivo") transcribiendo lo que Dios les dictó.

El proceso y la sentencia contra María de Cazalla representan una invitación al confinamiento y al silencio; la voz y la palabra de María quedan absolutamente sofocadas. Sus textos fueron borrados de la historia y su imagen pública criticada y eliminada.

A los alumbrados no solo se les acusa de heterodoxia en la concepción doctrinal; sino que se les imputan cargos de desorden sexual y libertinaje erótico. En ese sentido el proceso contra María de Cazalla pone de relieve dos temas interesantes: el de la virginidad y el de la deificatio (ser como Dios, o compartir su naturaleza) a partir del acto conyugal. Temas que cautivan la atención no por el componente sexual en sí, sino porque supone un hecho de libre discurso en el ámbito del pensamiento femenino del Siglo de Oro.

En el informe y voto de los teólogos sobre las proposiciones de María de Cazalla se estima que la actitud de María iba en contra de la palabra evangélica porque no se manifiesta partidaria de la virginidad ni del celibato y porque considera que el amor a sus hijos no es un amor físico, individual o egoísta, sino un amor de orden universal. En mayúscula como debe tenerse a toda criatura hecha por Dios. En una de sus cartas decía que todos los hijos que había parido, los había concebido sin placer o deleite sexual y que no los quería más que a los hijos de sus vecinos y que menospreciaba el estado de virginidad porque decía que merecía más en el estadio del matrimonio pues que no sentía deleite o placer en el acto carnal.

María entiende el amor como un fenómeno universal porque está en el plan de Dios y de la creación, y el erotismo viene a ser para ella una forma de trascendencia, una vía humana y muy femenina de acceso a la divinidad, porque el éxtasis la acercaba a Dios.

María busca una forma de adecuación o adaptación de su estado y de su sexualidad como mujer casada y no casta, con obligaciones físicas y sagradas hacia el esposo con una vida espiritual y de relación con Dios que superaba los límites de su estado femenino social y político y que se justificaba en la máxima de tradición medieval "el amor de Dios en el hombre es Dios". Era una forma muy digna de salirse del concepto de matrimonio como clase de segunda y mal menor para la libido humana y de transgredir el concepto patriarcal de virgen y casta para Dios, casada para el esposo.

La virginidad y la castidad son dos puntos álgidos de la predicación masculina de la época que se dirigía a la moral del sexo débil a quien se adoctrinaba y dirigía en función de su estado de doncellez o de matrimonio.

Los predicadores y canonistas de la época fueron muy severos con las mujeres porque consideraban que la mujeres representaban a las hijas caídas de Eva, instrumentum diaboli (Instrumento del Diablo) y causa de perdición de santos varones y maridos. La "desobediencia" a la autoridad ortodoxa es obvia en el discurso de María cuya concepción del matrimonio y de la vida conventual de la virgen soltera pueden ser eco de la doctrina sobre el matrimonio y de la convicción que Erasmo tenía del convento como un sitio de perdición.

Por otra parte, debemos tener en cuenta que antes de esa fecha circularon copias manuscritas de la obra de Erasmo por España. Es obvio que el pensamiento de María presenta tanto parecidos como diferencias ostensibles respecto a las doctrina de Erasmo y de Lutero. En ese sentido se la tacha de luterana porque no atiende convenientemente a los sacramentos de la confesión y de la comunión ni al dogma eucarístico. En la proposición abajo comentada. Se cuestionan principalmente las actitudes externas y el comportamiento pasivo, quieto y poco participativo en la Santa Misa.

También se le acusa de negar el "libre arbitrio", teoría próxima a luteranos y erasmistas y de ser iconoclasta por la poca tendencia a adorar, contemplar, rezar a las Imágenes de santos, Virgen y Cristo crucificado. Se observa en algunas de sus aseveraciones atisbos de creer en la predestinación. Y se le imputa la práctica de libre culto fuera del templo, pues la susodicha considera que Dios está en todas partes y que por ello puede ser adorado en cualquier lugar:

El catorce de mayo de 1532, María compareció ante la audiencia del Tribunal de la Inquisición y en la tercera sesión declara que deseaba ver ya a Dios cuerpo a cuerpo, sin las especies de la Ostia o el Vino como esta en el Santo Sacramento. También declara que en la confesión que si no le satisfacía era porque no se disponía a acercarse a un sacramento de confesión en que le parecía que no conocía sus pecados como debía y esta era la causa de no satisfacerse y también porque era cosa fuerte que Dios nos hubiera obligado a decir nuestras faltas a otro hombre, mas no por eso lo negaba sino que lo tenía por muy bueno.

María declara también que, cuando se recogía en algún rincón tenía más devoción y que muchas veces salía de la comunión sin devoción y quedaba triste por ello. María no sentía ningún tipo de afectividad por la figura lacerada de Cristo en la cruz porque cree que es más importante contemplar en la divinidad que en la humanidad de Nuestro Señor Jesucristo y que no podía tener su alma en ninguna cosa creada ni se centraba en la Pasión de Cristo porque no la entendía, porque Dios quería ser adorado en espíritu y no en templos hechos por la mano de artistas.

Su iconoclastia, su anticlericalismo y el antiritualismo están próximos a Erasmo, a Lutero y, en cierta manera, recogen el espíritu de la reforma protestante. Sin embargo, María niega a Lutero y se defiende de la acusación que le hace el promotor fiscal Diego Ortiz Angulo, de creer en el libre arbitrio y en la predestinación, aceptando cierta inclinación de la naturaleza humana hacia el mal. Nunca tuve ni tengo las cosas de Lutero por buenas, sino por diabólicas y malas, otras veces -decía- que no hacía lo bueno que quería hacer y que hacía lo malo que no quería hacer.

María de Cazalla dice, dirigiéndose a Dios: Qué ceguedad es esta de las gentes que te determinan lugares donde estés, siendo infinito: que te buscan en un templo de cantos y en sí mismos, que son templos vivos, no te hallan ni te buscan.

La figura de María de Cazalla resulta sumamente interesante para trazar una historia completa de la religiosidad en España durante el siglo XVI.

Lo difícil, tal vez, es encontrar el tono adecuado para enfrentarse a su postura ideológica, pues la teología, la filosofía o la historia dejan, en una aprehensión individual, muchos cabos sueltos. Al fin y al cabo, la vida de esta acomodada cordobesa se resiste al encasillamiento.

María de Cazalla fue una mujer sumamente cristiana, su cristianismo, de entrada, no tenia porque resultar molesto en el primer tercio del siglo XVI, una época de espiritualidad fervorosa y de un erasmismo casi oficial en los centros intelectuales más prestigiosos de España, como por ejemplo la Universidad de Alcalá de Henares. No en vano María era hermana de Juan de Cazalla, un afamado franciscano que ayudó al cardenal Cisneros a la fundación de este centro de saber .

En las ideas de María de Cazalla no se encuentran en absoluto manifestaciones anticristianas, sino más bien erasmistas y, sin duda, muchos puntos de conexión con las doctrinas de Martin Lutero. Destaca, sobre todo, el rechazo al cristianismo de los meros ritos y de las exterioridades, que resultaba fácilmente controlable por parte del clero. Para María de Cazalla, con base paulina, agustiniana y también franciscana, lo importante era la intención con la que la persona se relacionaba con Dios. Dicha relación, con todo, era muy intima y la Iglesia difícilmente podía inspeccionarla.

Las ideas de esta mujer no eran muy diferentes de las que profesaban muchos franciscanos de la época y su ideología debe verse en el marco de un cristianismo radical, buscado y apreciado por personas sensibles intelectual y religiosamente. De aquí, la importante vinculación entre los llamados Alumbrados y la religiosidad mística propugnada con algunos miembros de la familia franciscana, que anhelaban una mayor observancia de su regla. Los dejados o perfectos Alumbrados comparten con estos espirituales franciscanos la necesidad de la oración mental y el rechazo del formalismo escolástico.

María de Cazalla era una mujer de gran integridad moral y, sobre todo, de una gran inteligencia. Dichas dotes, unidas a una contrastada capacidad de liderazgo, hicieron de ella una guía espiritual para mucha gente.

Pero no solo era una mujer religiosa, valiente e inteligente, sino que fue mujer casada y madre de seis hijos. Ella defendió que cumplir en la cama con su marido la alcanzaba al éxtasis divino.

En todo caso, las acusaciones que vertieron fueron suficientemente contundentes como para que fuese arrestada y encarcelada en las mazmorras inquisitoriales, donde paso algo más dos años.

María fue muy hábil ante los inquisidores y poco pudieron hacer estos para hallar en ella culpabilidad alguna. La capacidad dialéctica de esta mujer, privada de la formación teológica que solo estaba reservada a los clérigos, resulta muy elevada. Al final, después de sufrir tormentos, no varió su actitud, no se declaro culpable y no delató a nadie. Finalmente, fue absuelta a instancia judicial, se le impuso una multa de cincuenta ducados, fue condenada a una retractación pública en una iglesia de Guadalajara y a terminar con sus relaciones con todos los sospechosos de herejía. Después de eso, ya no hay más referencias sobre ella.

María de Cazalla es una pionera en un momento de reivindicación de la subjetividad.

Elegir el camino de perfección no es una cuestión opcional para las mujeres de los siglos XVI, XVII y XVIII, puesto que aliado de las que deciden iniciarse voluntariamente, a muchas les viene impuesto y a no pocas se les priva de él. Ante la imposibilidad de profesar en una orden religiosa, algunas mujeres escogerán otras vías alternativas.

San Ignacio De Loyola

Nace: 23 de octubre de 1491 en Azpeitia (Guipúzcoa).
Muere: 31 de julio de 1556 en Roma.

Escritor, militar y religioso español, fundador de la Compañía de Jesús (Jesuitas).

San Ignacio de Loyola es uno de los 13 hijos de una familia de la baja nobleza. Fue gravemente herido en 1521 en una batalla con los franceses. Mientras se recuperaba experimentó una conversión. Leyendo las vidas de Jesús y los Santos llegó a realizar grandes cosas, dándose cuenta que esos sentimientos eran indicios de la guía de Dios para él.

A lo largo de los años, Ignacio se convirtió en experto en el arte de la dirección espiritual. Coleccionó sus visiones, puntos de vista oraciones, y sugestiones en su libro los Ejercicios Espirituales, uno de los libros más influyentes jamás escrito. Con un pequeño grupo de amigos, Ignacio de Loyola fundó la Sociedad de Jesús, o los Jesuitas. Ignacio concibió a los Jesuitas como "contemplativos en acción". Esto describe los muchos cristianos que han sido tocados por la espiritualidad de Ignacio.

Decidió estudiar, en orden a ayudar a los demás. Estudió once años. Después de algunos contratiempos en la Universidad de Alcalá, en 1527 entró en la Universidad de Salamanca, donde continuaron sus problemas. En Junio de 1528 decide marchar a París, donde en 1534 obtuvo su licenciatura en teología; nunca obtuvo el doctorado y su salud le obligó a abandonar París en Marzo de 1535. Aunque Ignacio, a pesar de sus esfuerzos, no adquirió una gran erudición, sí obtuvo muchas ventajas prácticas de sus cursos de Educación. Obtuvo bastante conocimiento para encontrar la información que necesitaba para estar en compañía de los más eruditos que él, también adquirió gran versatilidad en la ciencia de la educación y aprendió por experiencia cómo la vida de oración y penitencia podía ser combinada con la enseñanza y estudios. Las labores que realizó para los demás le involucraron en innumerables juicios. En Barcelona fue golpeado hasta quedar inconsciente y su compañero fue asesinado, a instigación de unos que se sentían vejados por la negativa a dejarlos ingresar en un Convento que él había reformado. En Alcalá, un inquisidor de tipo medio, Figueroa, le acosó constantemente yen una ocasión llegó a encarcelarlo durante dos meses. Esto le llevó a Salamanca, donde su suerte fue aún peor, al ser encarcelado en la prisión común, encadenado por el pie a su compañero Calisto, indignidad que le llevó a pronunciar la característica frase: "No hay suficientes cadenas en Salamanca, pues deseo aún más por el amor de Dios".

Se nota un cierto progreso en cómo trata Ignacio con las acusaciones contra él. La primera vez las dejó pasar sin opinar a su favor. La segunda le hizo algunas objeciones a Figueroa, el Inquisidor. La tercera, una vez pronunciada la sentencia, recurrió ante el Arzobispo de Toledo contra algunas de las cláusulas. Ignacio consiguió reunir, de nuevo, algunos seguidores. Los primeros seguidores en España perseveraron durante algún tiempo, incluso durante el encarcelamiento, pero en lugar de seguirle a París, como habían acordado, le abandonaron. En París los primeros en seguirle tampoco perseveraron durante mucho tiempo, pero los del tercer grupo ninguno le abandonó: eran (San) Pedro Faber, un Ginebrino Saboyano; (San) Francisco Xavier, de Navarra; James Laynez; Alonso Salmerón y Nicolás Bobadilla (españoles) y Simón Rodríguez (un Portugués). Otros tres se unieron posteriormente (Claude le Jay, un Ginebrino Saboyano; Jean Codure y Paschase Broët, Franceses). Hay también progreso en la forma en que Ignacio entrenaba a sus compañeros. Los primeros fueron ejercicios en las mismas severas mortificaciones exteriores, mendigar, ayunar, caminar a pies descalzos, etc., que él mismo, por supuesto, practicaba. Pero aunque estas disciplinas prosperaron en un tranquilo lugar como Manresa, había atraído una inaceptable cantidad de críticas en la Universidad de Alcalá. En París la vestimenta y las costumbres estaban adaptadas a la vida en las grandes ciudades; el ayuno y otras mortificacionesfueron reducidos; el estudio y los ejercicios espirituales se multiplicaron; y se fundó la caridad.

El lazo de unión entre los seguidores de Ignacio era hasta el momento devoción a él mismo y a su gran ideal de llevar en Tierra Santa una vida lo más parecida a la de Cristo. El 15 de Agosto de 1534 tomaron los votos de pobreza y castidad en Montmartre, y realizaron un tercer voto para ir a Tierra Santa al cabo de dos años, cuando terminasen sus estudios. Seis meses más tarde Ignacio se vio obligado, debido a su mala salud, a regresar a su país natal y, mientras se recuperaba, se dirigió a Bolonia, donde, incapaz de estudiar debido a su mala salud, se dedicó a realizar obras de caridad hasta que llegaron sus compañeros desde París a Venecia (6 de Enero de 1537) de camino a Tierra Santa. Al ser imposible seguir el camino debido a la guerra con los Turcos, decidieron esperar un año para tener la oportunidad de realizar su voto, para después, una vez realizado el voto, ponerse a disposición del Papa. Faber y algunos otros, camino de Roma durante la Cuaresma, obtuvieron el permiso para que todos fuesen ordenados sacerdotes. Obtuvieron el nombramiento sacerdotal el día de San Juan Bautista. Pero le llevó a Ignacio dieciocho meses prepararse para su primera Misa.

En el año 1537 le ofrecieron sus servicios al Papa. Ignacio, con Faber y Laynez se dirigió a Roma. En la Storta, unos kilómetros antes de llegar a la ciudad, Ignacio tuvo una visión. Parece que vio al Padre Eterno asociado con Su Hijo, que pronunció las palabras: Ego vobis Romae propitius ero. Se piensa que esta promesa se refería al consiguiente éxito de la orden allí. Poco después de todo esto, Ignacio sugirió llamar la hermandad La Compañía de Jesús. Compañía tenía un sentido militar y, en aquellos días, una compañía era conocida generalmente por el nombre de su capitán. En la Bula Latina, no obstante, fueron llamados Societas Jesu. La primera vez que se utilizó el nombre Jesuita, en 1544, fue aplicado como término de reproche de parte de sus adversarios. Fue usado como mofa en el siglo XV para definir a alguien que, de manera hipócrita, intercalaba su discurso con repeticiones del Nombre Santo. Pablo III, habiendo recibido favorablemente a los padres, los hizo llamar a Roma para trabajar bajo su vigilancia. En estos críticos momentos se desató una campaña de difamación a cargo de un tal Fray Matteo Mainardi (quien murió en abierta herejía) y un tal Michael a quien le habían negado la admisión en la orden. No fue hasta el 18 de Noviembre de 1538 que Ignacio obtuvo del gobernador de Roma una honorable sentencia a su favor. Los padres trataron de encontrar una fórmula para exponer el modo de vida que tenían en mente al Papa y en Marzo de 1539 comenzaron a reunirse durante las noches para establecer el tema.

Lo cierto es que sin superior, regla o tradición, habían prosperado de manera notable. ¿Por qué no continuar del mismo modo que habían comenzado?. La respuesta era que sin cierta clase de unión, algunas casas para entrenar a los postulantes, estaban condenados a desaparecer con los miembros existentes, pues el Papa deseaba enviarles como misioneros. Se llegó ponto a un acuerdo respecto a este punto, pero cuando surgió la cuestión si debían, -añadiendo un voto de obediencia a sus ya existentes- formar ellos mismos una orden religiosa o, en cambio, permanecer, como estaban, en una congregación de sacerdotes seculares, hubo muchas y muy diferentes opiniones. Existía el peligro, si decidían formar una orden, de que el Papa les forzase a adoptar algunas reglas antiguas, lo que supondría el fin de todas sus nuevas ideas. Finalmente se llegó a un acuerdo unánime a favor de una vida de obediencia. Después de todo esto, el progreso fue muy rápido. Ignacio redactó en cinco secciones el primer Formula Instituti, que fue sometido al Papa, quien dio su aprobación, pero el Cardenal Guidiccioni, responsable de la comisión nombrada para informar sobre la Formula, era del punto de vista que una nueva orden no debía ser admitida y, con esto, las posibilidades de aprobación parecían haber llegado a su fin. Ignacio y sus compañeros, sin desmayo, ofrecieron 4000 Misas para obtener la aprobación y, después de un tiempo, el cardenal cambió inesperadamente de opinión y aprobó la Formula y la Bula Regimini militantes Ecclesiae (27 de Septiembre, 1540). En Abril de 1541, Ignacio, a pesar de su negativa, fue elegido primer general, y el 22 de Abril quedó constituida la sociedad.

La idea de los Ejercicios Espirituales es ayudar al aspirante a encontrar la voluntad de Dios respecto a su futuro y darle la energía y coraje para seguir esta voluntad. El ejercitante es guiado durante cuatro semanas de meditación: la primera sobre el pecado y sus consecuencias, la segunda sobre la vida de Cristo en la tierra, la tercera sobre Su pasión, la cuarta sobre Su vida como resucitado; y cierto número de instrucciones (llamadas reglas, adiciones, notas) son añadidas para enseñarle cómo orar, cómo evitar escrúpulos, cómo elegir la vocación en la vida sin ser devorado por el amor a uno mismo y al mundo.

La mayoría de sus ideas sobre Dios y la fe, se nos presentan claramente en los arriba mencionados Ejercicios Espirituales y en Las Constituciones de la Compañía de Jesús. Es posible destacar su noción de la libertad del hombre como marco para responder al amor de Dios, la cual se ve influenciada por los movimientos interiores del corazón y por las influencias exteriores del mundo que lo rodea (consolaciones y desolaciones). La libertad se verá siempre apoyada o trabada según la forma cómo se vivan las experiencias. Solamente a través de un ejercicio espiritual constante y consciente, a la luz de Dios, es posible analizar correctamente las venturas de la vida cotidiana, y conocer así, la medida en que tales experiencias faciliten o impidan el correcto ejercicio de la libertad humana.

Dios está presente en todas las cosas, y su amor se expresa en todos los aspectos de la existencia humana. El hombre está llamado a descubrir este amor infinito a través de su trabajo y en el servicio activo a los demás. Ello implica una entrega generosa. Y en esta lógica, no cabe posibilidad de un límite a nuestra entrega, por cuanto así tornamos nuestro amor hacia Dios, para buscar siempre el más y lo mejor (el magis ignaciano).

Estas ideas matrices orientan los Ejercicios Espirituales de Ignacio y forman parte de su experiencia espiritual en Manresa. Las mismas ideas funcionan también como herramienta pedagógica para quienes las practican, puesto que al querer hallar la voluntad divina en sus vidas, los Ejercicios les permiten reconocer los cambios espirituales de su alma, cambios que de otra forma pasarían desapercibidos. Para todo esto, son necesarios además la disciplina y compromiso.

Algunas de sus obras: k (1522). Autobiografía de San Ignacio de Loyola (1555).

Selección de textos:

Quien evita la tentación evita el pecado.

En tiempos de desolación, nunca hacer cambios.

Cuanto más universal es el bien , más divino.

El amor se ha de poner más en las obras que en las palabras.

La renuncia de la voluntad propia vale más que resucitar a los muertos.

El examen de conciencia es siempre el mejor medio para cuidar bien el alma.

No satisface el saber mucho, sino el sentir y gustar internamente de las cosas.

Cuanto más nuestra alma se despegue de las cosas, más cerca estará de nuestro Creador.

Todo buen cristiano ha de inclinarse más a salvar la proposición del prójimo que a condenarla.

Hay que procurar conservar la amistad y benevolencia de los que gobiernan y ganar a las personas de autoridad con humildad, modestia y buenos oficios...

Tomad, Señor y recibid toda mi libertad, mi memoria, mi entendi-

miento y toda mi voluntad. Vos me lo disteis; a vos Señor, lo torno. Disponed a toda vuestra voluntad y dadme amor y gracia, que esto me basta, sin que os pida otra cosa.

Una cosa queda clara: que las reglas no se han de proponer según un plan teórico, sino al ritmo de las experiencias y según la necesidad que sintiere en el que los recibe.

El examen particular después de comer y después de cenar se hará sobre las faltas y negligencias cerca los ejercicios y adiciones de este día, y así en los que se siguen.

El tercero considerar cómo Dios trabaja y labora por mí en todas cosas criadas sobre la faz de la tierra, id est, habet se ad modum laborantis. Así como en los cielos, elementos, plantas, frutos, ganados, etc., dando ser, conservando, vegetando y censando, etc. Después reflexionar en mí mismo.

La primera manera de orar es cerca de los diez mandamientos y de los siete pecados mortales, de las tres potencias del ánima y de los cinco sentidos corporales; la cual manera de orar es más dar forma, modo y ejercicios, cómo el ánima se apareje y aproveche en ellos, y para que la oración sea aceptada, que no dar forma ni modo alguno de orar.

San Pedro de Alcántara

Nace: 1499 en Alcántara.
Muere: 18 de octubre de 1562 en Arenas de San Pedro.

Fue fraile franciscano español.

Su padre, Pedro Alonso Garavito, después de haber estudiado derecho en Salamanca fue regidor de Alcántara y murió en 1507. Su madre, María Villela de Sanabria, murió en 1544; de familia acomodada, tuvo de él tres hijos. Después de la muerte de Pedro Alonso ella se volvió a casar con Alfonso Barrantes, que era viudo como ella. Él tenía cinco hijos y con ella tuvo otros dos.

Juan estudió gramática. Después, de 1511 a 1515, artes liberales, filosofía y derecho canónico en Salamanca. Estamos en la Edad de Oro de la espiritualidad Española.

En 1515 ingresó en los Franciscanos de la custodia del Santo Evangelio. Juan de Sanabria hizo allí su noviciado en el convento de San Francisco de los Majarretes (Cáceres). Recibió el hábito del guardián del convento, su tío Miguel Roco, y cambió su nombre de Juan por el de Pedro.

Aunque de alma contemplativa, viajó tanto como Santa Teresa. En 1555 su provincial, Juan de Espinosa, le permite retirarse a la soledad de Santa Cruz de Paniagua (Cáceres), donde tomó contacto con Juan Pascal, fundador de la custodia de San Simón en Galicia. Pedro, el 7 de Febrero de 1557, sucedió a Pascual como Comisario general de los Conventuales reformados. Se considera a Pedro de Alcántara como el renovador del franciscanismo y uno de los principales oradores del Siglo de Oro en España. Fue un hombre lleno de celo apostólico, tranquilo y prudente, pobre y generoso, disponible y obediente, humilde y magnánimo.

Uno de sus escritos más importantes, es su Tratado de la Oración y Meditación. La atribución de esta obra a Pedro de Alcántara ha suscitado una larga disputa. Algunos dicen que había que atribuirla a Luis de Granada (1588). No es dudoso que la obra impresa bajo el nombre de Pedro tome prestado de la de Granada y le resuma frecuentemente. Pero Pedro aporta mucho de sí mismo y da a su obra un carácter más concertado y más contemplativo. La aportación más importante de Pedro es de orden pedagógico y doctrinal; buscando atender a las gentes pobres en medios y en tiempo, escribe en un estilo sobrio y conciso, muy diferente del elocuente de Granada; da una enseñanza sólida y atrevida para su época, visto el amplio público al que se dirige, orientaciones nítidas sobre la oración. Utiliza el libro de su amigo de Granada sin plagiarlo; lo condensa, lo completa y lo mejora (por ejemplo en la estructura de las exposiciones), añade y llega a realizar uno de los mejores manuales de oración.

En cuanto a la vida de penitencia, estará prohibido manejar dinero (salvo a favor de los enfermos); se trabajará manualmente una hora diaria; las dimensiones del convento, de las celdas, de la capilla, etc., hasta las camas, la vestimenta (se irá descalzo), el sustento, la disciplina cotidiana, etc. están prescritas, aunque no bajo pena de pecado.

Su doctrina espiritual se inscribe en la visión platónico-agustina común a la espiritualidad española de su tiempo. Lo que la caracteriza es la insistencia que pone en la pobreza, la penitencia y la oración. La pobreza, en particular, que él quiere que sea de las más estrictas, fue la base de todas las reformas franciscanas.

Pedro no pretendió reformar la Observancia, sino vivir la "descalces". No presenta tendencia quietista, como la espiritualidad "capuchina"; la suya era activa y misionera.

Se le ha llamado el más penitente de los santos. Pero no era ni triste, ni retirado. Su Tratado ha pasado a formar en la oración a una multitud de franciscanos. El valor de la obra no proviene de la sabia teología de su autor sino de su discernimiento y experiencia en la oración.

Fue beatificado por el Papa Gregorio XV en 1622 y canonizado por Clemente IX en 1669.

Algunas de sus obras: Tratado de la oración y meditación

.

Selección de textos:

Porque este tratado breve habla de oración y meditación, será bien decir en pocas palabras el fruto que de este santo ejercicio se puede sacar, porque con más alegre corazón se ofrezcan los hombres a él.

Notoria cosa es que uno de los mayores impedimentos que el hombre tiene para alcanzar su última felicidad y bienaventuranza es la mala inclinación de su corazón y la dificultad y pesadumbre que tiene para bien obrar; porque a no estar ésta de por medio, facilísima cosa le sería correr por el camino de las virtudes y alcanzar el fin para que fue criado.

Por lo cual dijo el Apóstol (Rom. 7, 23): Sigo con la ley de Dios, según el hombre interior; pero siento otra ley e inclinación en mis miembros, que contradice a la ley de mi espíritu. Y me lleva tras sí cautivo a la ley del pecado. Ésta es, pues, la causa más universal que hay de todo nuestro mal. Pues para quitar esta pesadumbre y dificultad y facilitar este negocio, una de las cosas que más aprovechan es la devoción. Porque (como dice Santo Tomás) no es otra cosa devoción si no una prontitud y ligereza para bien obrar, la cual despide de nuestra ánima toda esa dificultad y pesadumbre y nos hace prontos y ligeros para todo bien.

Lo cual nos muestra la experiencia de cada día, porque al tiempo que una persona espiritual sale de alguna profunda y devota oración, allí se le renuevan todos los buenos propósitos, allí son los favores y determinaciones de bien obrar; allí el deseo de agradar y amar a un Señor tan bueno y dulce como allí se le ha mostrado, y de padecer nuevos trabajos y asperezas, y aun derramar sangre por Él y, finalmente, reverdece y se renueva toda la frescura de nuestra alma.

Si quieres sufrir con paciencia las adversidades y miserias de esta vida, sé hombre de oración. Si quieres alcanzar virtud y fortaleza para vencer las tentaciones del enemigo, sé hombre de oración. Si quieres mortificar tu propia voluntad con todas sus aficiones y apetitos, sé hombre de oración. Si quieres conocer las astucias de Satanás, y defenderte de sus engaños, sé hombre de oración. Si quieres vivir alegremente y caminar con suavidad por el camino de la penitencia y del trabajo, sé hombre de oración.

¡Qué tan grande misericordia fue aguardarte tanto tiempo y sufrirte tantos pecados, y enviarte tantas inspiraciones y no cortarte el hilo de la vida como se cortó a otros en ese mismo estado y, finalmente, llamarte con tan poderosa gracia que resucitases de muerte a vida y abrieses los ojos a la luz! ¡Qué misericordia fue, después de ya convertido, darte gracia para no volver al pecado, y vencer al enemigo y

perseverar en lo bueno!.

No ser esclavo del método. No razonar demasiado. Controlar los movimientos afectivos para evitar lo artificial. Evitar la contención.

¿Qué hacer cuando falta la devoción? Duración de la oración (mejor una larga que dos cortas). Cuando el alma es visitada por el Señor, de lo que ella se aprovecha (es la teoría franciscana de las paradas, pausas). Se debe procurar en este santo ejercicio mezclar meditación y contemplación.

De manera que, cuando se ha alcanzado el puerto no hay que navegar más. La devoción proviene del amor como la llama del fuego.

San Alonso de Orozco

Nace: 17 de octubre de 1500 en Oropesa.

Muere: 19 de septiembre de 1591 en Madrid.

Religioso y escritor místico español del Siglo de Oro.

De origen noble, estudió en Talavera de la Reina y en la Universidad de Salamanca. En 1520 Santo Tomás de Villanueva le incitó a ingresar en la Orden de San Agustín y allí profesó en 1523. Se ordenó sacerdote en 1527.

De niño sirvió como seise en la Catedral de Toledo. Allí estudió el arte de la música, que después amó con pasión.

Entre 1530 y 1537 fue conventual en Medina del Campo. En 1538, prior de Soria y en 1540 de Medina. Entre 1542 y 1544 fue prior de Sevilla y entre 1544 y 1548, de Granada, y desde 1545, visitador de Andalucía.

En 1542 contó que tuvo un sueño en Sevilla en el cual la Virgen le ordenó que escribiera; ese fue el origen de su obra literaria.

En 1549 se embarcó como misionero hacia México, pero enfermó y tuvo que volver. Fundó numerosos conventos, entre ellos el primer convento de Monjas Recoletas de Santa Isabel en 1589. Al morir en 1591 gozaba de fama de gran santidad, y testificaron en su proceso de beatificación Lope de Vega y Francisco de Quevedo, así como importantes nobles. Fue nombrado beato por el Papa León XIII el 15 de enero de 1882 y canonizado por Juan Pablo II el 19 de mayo de 2002.

Algunas de sus obras:

Las siete palabras que la Virgen Sacratísima Nuestra Señora habló, 1556; Consideraciones acerca de los nombres de Cristo, 1544; Arte de amar a Dios y al prójimo (1567, 1585); Victoria de la muerte, 1583; Las confesiones del pecador fray Alonso de Orozco, 1601.

Selección de textos:

Tres partes de la oración: Dar gracias a Dios reconociendo a Dios como Señor y Padre. Pedir cosas Grandes el Reino de los Cielos y su justicia. Sujetar nuestros deseos a la voluntad Divina.

Para ir por un camino de obediencia y negación de la voluntad, que nos lleve al Reino de los Cielos debemos tener perseverancia al orar. La perseverancia en la oración es lo que debemos tener si queremos ser oídos. Para alcanzar las Gracias tenemos que "cumplir" estas cuatro condiciones: Orar por sí quien ora. Lo que se pida tiene que ser de necesidad para la Salvación (Virtudes y Gracias). Orar con humildad. Perseverar orando.

Lo dicho anteriormente quiere decir que debemos orar siempre, por nosotros y por todos, pidiendo lo que Dios nos desea dar, que es nuestra salvación, debemos humillarnos cuando oramos, perseverando en el llamado, para no perder las gracias que se aparejan.

Además debemos orar siempre para no ser vencidos en las tribulaciones, para que nuestro corazón no viva en diversas partes y sobre todo porque este será nuestro oficio en el Cielo.

Citando a San Bernardo señala los contrarios a la perseverancia: La poca devoción y gusto al orar. La contradicción de nuestra carne. La poca confianza de ser oídos.

Para no caer en los contrarios debemos vencer la tibieza, pelear a la flaqueza orando con palabras, deseos y vida santa.

Cuatro maneras de Orar: La oración de obcecación (es pedir perdón por nuestros pecados). Postulación (pedir perdón por la culpa ajena). Oración elevar el alma a Dios (prometiendo y cumpliendo alguna cosa). Acción de Gracias (reconocimiento de los bienes recibidos). De estas cuatro la tercera es la más perfecta porque es en el dar gracias a Dios donde reconocemos la gloria de Dios y no en nuestro interés propio.

Efectos de la oración: Méritos. Obtención de lo que pedimos y demandamos. Suavidad y gusto de Dios (para este efecto es necesaria la atención continua, ya que si no estamos atentos ningún gusto va a sentir el alma).

De la oración se sacan 2 grandes provechos: Nueva Gloria se saca cuando se ora con caridad. Que se alcanzan más Gracias de Dios.

Tres cosas para notar en la oración: La oración es una, porque en ella oramos a un mismo Dios, y lo hacemos llevando todas las fuerzas del alma para orar, haciéndonos unos en el Espíritu Santo. Todo lo puede y todo lo renueva corta la vejez de nuestros pecados y renueva todas las virtudes, renueva los deseos santos, hace nuevas obras de vida mueve los corazones en novedad de Espíritu y fortalece y confirma todas las virtudes del alma. Constituye amigos y profetas. Es necesario volver al Padre, haciendo oración, humillándonos, de esta manera nos hacemos amigos del Padre. Porque la oración hace las paces como aquel hijo que se fue a lejanas tierra y gastando su hacienda en maldades, volvió junto a su Padre y le dijo: pequé contra el Cielo y contra Ti, no merezco ser llamado hijo tuyo... pero el Padre lo recibió haciendo fiesta...

San Juan de Ávila

Nace: 6 de enero de 1501 en Almodóvar del Campo (Ciudad Real).
Muere: 10 de mayo de 1569 en Montilla.

Sacerdote y escritor ascético español. Doctor de la Iglesia.

Su vida transcurre durante un siglo lleno de guerras religiosas, cismas y debates teológicos que llevaron al catolicismo a hacer un gran esfuerzo de síntesis de la fe plasmado en el Concilio de Trento (1545-1563). Tuvo contactos con Santa Teresa de Ávila y San Pedro de Alcántara, entre otros.

San Juan de Ávila tiene una experiencia con Dios que le deja marcado y se ordena sacerdote en 1526. Su intención era ir de misionero a las Indias. Predicó en diferentes ciudades andaluzas con tanto éxito que despertó envidias, motivo principal que explica su encarcelamiento por la inquisición en 1531. La cárcel fue para él otro momento de intensa experiencia mística. Buena parte de su ministerio la dedicó a crear centros universitarios para formar sacerdotes. Fue un gran erudito y experimentado director espiritual. Creó un programa de ejercicios espirituales que giraba en torno a la práctica metódica de la oración mental. También articuló una forma de ascetismo negativo que no puede ser interpretado como etapa purgativa en el camino hacia la unión mística. Más bien, el objetivo de sus prácticas ascéticas era la mortificación del yo, o alcanzar lo que él llamaba el auto-conocimiento. Al mismo tiempo, su ascética espiritual no era ni socialmente indiferente ni desinteresada. Posiblemente debido a que tenía un fondo judeo converso criticó el racismo Español de la época y su rígida estratificación social. Su genialidad consiste en su habilidad en integrar el consejo práctico, la perspicacia teológica y la crítica social.

Su humanismo Cristiano ponía en primer lugar la interioridad de la experiencia religiosa sobre el ritual ceremonial, la formación moral sobre la coerción. El énfasis de San Juan de Ávila en la educación religiosa masiva en lenguaje vernáculo fue la piedra angular en la fase temprana de la Reforma Católica en España. San Juan creía que la instrucción en la oración, discernimiento personal y otros aspectos del catecismo contribuirían significativamente a la "regeneración" de la gente.

Finalmente, San Juan de Ávila fue un genio reformador por su habilidad en contextualizar y adaptar las metas e ideales del humanismo Cristiano a circunstancias concretas y específicas.

Selección de textos:

Sobre la preparación de la oración: Buscar un lugar conveniente y apartado del bullicio, dedicado a contener libros e imágenes devotas, para la lección de cosas divinas y la oración continua; desocuparse de todos los negocios y de toda conversación.

Tomad primero algún libro de buena doctrina en que, como en espejo, veáis vuestras faltas

Suplicar a Dios que os hable en vuestro corazón con su viva voz, mediante aquellas palabras que de fuera leéis, y os dé el verdadero sentido de ellas.

Arrepentimiento-confianza: «y daros a nuestro Señor el vivo sentido de las palabras, que obre en vuestra ánima, unas veces arrepentimiento de vuestros pecados; otras, confianza de Él y en su perdón».

Vuestras rodillas hincadas, pensaréis a cuán excelente y soberana Majestad vais a hablar.

Humillación del corazón: considerar la propia pequeñez, hacer una entrañable reverencia, y pedir licencia para hablarle a Dios.

Arrepentimiento: rezar la confesión general y pedir perdón por los pecados del día. También ha de servir para esto: (mirando una imagen del Crucifijo, o acordándose de Él), pensar cómo y por quién padeció el Señor.

Rezo vocal de devociones: «Rezad algunas devociones que debéis tener por costumbre». Rezar por sí mismo, por aquellos por los que se tiene obligación, y por toda la Iglesia, «el cuidado de la cual habéis de tener muy fijado en el corazón» y también por los no creyentes.

Introducirse en el corazón: callar «con la boca y meteos en lo más dentro de vuestro corazón». Y «suplicad al Señor os envíe lumbre del Espíritu Santo. Y haced cuenta que estáis delante de la presencia de Dios, y que no hay más que de Él y de vos; haced cuenta que lo tenéis allí presente».

Ofrecimiento: de «sufrir con paciencia cualquier trabajo o desprecio que se os ofreciese», asumiendo con criterio práctico las conclusiones que fluyen de la materia considerada. «Y los propósitos buenos y fuertes que allí se cobran suelen ser sin comparación más vivos y salir más verdaderos que los que fuera de la oración se alcanzan».

Examen: ante Dios de lo malo y lo bueno que hay en nosotros.

Sacramento de amor y unión, porque por amor es dado, amor representa y amor obra en nuestras entrañas, todo este negocio es amor.

Fray Luis De Granada

Nace: 1504 en Granada.
Muere: 31 de diciembre de 1588 en Lisboa.

Escritor dominico español cuyo nombre de pila fue el de Luis de Sarria. Estudió humanidades y a los 20 años solicitó ser recibido en el convento de Santa Cruz la Real, de Granada.

Fray Luis de Granada fue el orador sagrado más famoso de su tiempo en España y Portugal. Sus sermones, en el más puro estilo ciceroniano, sirvieron de modelo en España y Portugal hasta el siglo XVIII. Fue también uno de los mejores prosistas en latín, castellano y portugués.

Procedente de familia humilde (su madre era lavandera), sus padres fueron de los que por disposición de los Reyes Católicos poblaron las tierras granadinas conquistadas. Quedó huérfano siendo muy niño y entró de monaguillo en el convento de Santa Cruz de Granada de los dominicos. Parece ser que pasó a Portugal por orden de sus superiores para eludir las pesquisas de la Inquisición, que sospechaban en él (así como en otros ilustres ascetas) contagios de la reforma de Europa.

Aunque se percibe en él la influencia de la teología tomista, característica de los autores dominicos, el tono sentimental de su obra lo coloca cerca del platonismo agustino y de la idea franciscana del mundo como reflejo de Dios. Su primer libro importante es El Libro de la Oración y Meditación (1554), tratado de carácter ascético sobre el mejor modo de orar, la forma de evitar las tentaciones y los engaños mundanos, la práctica de la virtud y el valor de la religiosidad interior, en línea con Savonarola y Erasmo de Rotterdam.

Cierto es que si bien la enseñanza escolástica de Fray Luis de Granada revela el aspecto más conservador de personalidad, su interés por la lingüística muestra una búsqueda de lo nuevo. Fray Luis de Granada enfatizó la multiplicidad de sentidos literales en las Sagradas Escrituras, lo cual depende de la intención del escritor. Por lo tanto, todas las interpretaciones legítimas, son, de hecho, el sentido literal de la Escritura deseado por su Divino Autor. Dice: La naturaleza y la filosofía enseñan que las palabras son signos de los conceptos. Los conceptos de Dios son inmensos e infinitos. Por lo tanto, pensó sería mejor creer que la Escritura donde está grabada la voz de Dios contiene bajo una sola letra una pluralidad de significados.

En fin, la insistencia de Fray Luis en la multiplicidad del sentido literal y su devoción a este -como evidencian sus numerosas traducciones y comentarios- surge de una concepción filosófica del lenguaje según la cual todos los lenguajes están "llenos de secretos y misterios". En el primer capítulo de De los Nombres de Cristo, Fray Luis propuso una teoría de los nombres que contiene sus más explícitos pensamientos sobre el tema:

Un nombre es una palabra que sustituye aquello a lo que se refiere y toma el lugar de aquello que representa. Un nombre es la cosa designada, no en su existencia real y verdadera, sino en la existencia que nuestra boca y comprensión le otorgan. Para poder comprender esto, hemos de realizar que los seres que poseen un intelecto son uno en ellos mismos aunque capaces de llegar a ser todo lo que conocen. De esta manera se asemejan a Dios, que contiene todas las cosas dentro de Sí mismo. Así, cada uno de nosotros puede llegar a ser un mundo perfecto, o microcosmos, en el sentido que todas las cosas pueden ser en nosotros y nosotros en todas las cosas.

Por consiguiente, lo que conocemos con nuestras mentes y nombramos con nuestras lenguas existe en nuestros intelectos. Y si nuestras ideas y palabras son verdaderas, aquellas cosas existen en nuestras mentes como son "en sí mismas". Son las mismas en razón de una cierta semejanza, aunque son diferentes en su modo de existencia. "En sí mismas" son seres de cuerpo y cantidad, aunque en la mente del que conoce vienen a ser como la mente: espirituales e inmateriales. O sea, en sí mismas son verdaderas, pero dado que existen en la mente y en las palabras son representaciones de la verdad. Son imágenes o símbolos que sirven de sustitutos de las cosas en sí mismas.

Lo que buscaba Fray Luis era una explicación general de la teoría de lenguaje en lugar de una formalización de la inferencia lógica.

Selección de textos:

La buena conciencia es tan alegre, que hace alegres a todas las molestias de la vida.

A los que tienen paciencia, las pérdidas se les convierten en ganancias, los trabajos en merecimientos y las batallas en coronas.

Más poderosos quiso la naturaleza que fuesen los males para dar pena, que los placeres para dar alegría.

La infancia es ignorante; la adolescencia, ligera de cascos; la juventud, temeraria; y la vejez, malhumorada.

Nunca faltarán ondas en la mar, ni ira y tristeza en el corazón del avariento.

La Gracia es la mayor dádiva de cuantas Dios puede dar a una pura criatura en esta vida.

Y para que no te haga desmayar este presupuesto, acuérdate que donde hay trabajos de mundo, hay favores del Cielo; y donde hay contradicciones de naturaleza, hay socorros de Gracia...

¡Quién me diera, oh buen Jesús, que yo te pudiera dar un poco de refrigerio en esa tan grande agonía! Toda la noche has velado y trabajado y los crueles sayones a porfía se han entregado en ti, dándote bofetadas y diciéndote injurias y, después de tan largo martirio, después de enflaquecido ya el cuerpo y desangrado con tantos azotes, cargan la Cruz sobre tus delicadísimos hombros y así te llevan a ajusticiar. Oh delicado cuerpo, ¿qué carga es ésa que llevas sobre ti? ¿A do caminas con ese peso? ¿Qué quieren decir esas insignias tan dolorosas? Pues ¿cómo? ¿Tú mismo hablas de llevar a cuestas los instrumentos de tu Pasión?

Aquí, oh ánima mía, lleva el Señor sobre sí toda la carga de tus pecados: dale gracias por ese tan grande beneficio, y ayúdale a llevar esa Cruz por imitación de su ejemplo, y síguelo con las lágrimas de esas piadosas mujeres que le van acompañando, y mira sobre todo esto que si eso se hace en el madero verde, en el seco ¿qué se hará?

Santa Teresa De Jesús

Nace: 28 de marzo de 1515 en Ávila.
Muere: 4 de octubre de 1582 en Salamanca.

Religiosa, Doctora de la Iglesia Católica, mística y escritora española, fundadora de las carmelitas descalzas.

Nacida como Teresa Sánchez Cepeda Dávila y Ahumada, Santa Teresa de Jesús nació en una familia judía conversa perteneciente a la nobleza. Durante su niñez, ella y su hermano Rodrigo eran muy aficionados a leer vidas de santos y libros de caballerías. Además de una mística de extraordinaria profundidad espiritual, Santa Teresa fue una organizadora muy capaz. Purificó la vida religiosa española de principios del siglo XVI y contribuyó a fortalecer las reformas de la Iglesia Católica desde dentro, en un periodo en que el protestantismo se extendía por toda Europa. Una visión que tuvo Teresa de las penas del Infierno la estimuló a emprender la reforma de la Orden del Carmelo, que alcanzó una buena repercusión espiritual en el mundo católico.

J. Saugnieux, al analizar el contexto histórico y cultural de esa época, afirma que Teresa cuenta con una triple limitación cultural, porque sobre ella se cierne un triple lastre sociológico. El primer rasgo que él señala es precisamente que se trata de una mujer, en una época donde la cultura dominante está enteramente en manos de varones. El segundo inconveniente es que nace en una familia de origen judío, cuando se iba imponiendo el estatuto de limpieza de sangre que sólo dará cabida en la sociedad a los cristianos viejos. Por último, que proviene de lo que se podría llamar la burguesía provinciana, en una época en la que los honores se reservan todavía a las personas de origen noble. Los relatos de la santa sobre sus visiones y experiencias espirituales dan muestra de una impresionante sencillez de estilo y de una preocupación constante por no exagerar los hechos. Su obra pone al descubierto los rincones más recónditos del alma humana.

Partiendo de la base de que Teresa de Jesús fue escritora por obediencia, hay que destacar como mejor comentario a sus escritos la paciencia con que sobrellevó las enfermedades, las acusaciones de la Inquisición y los desengaños; su confianza absoluta en Dios ante estas dificultades y su invencible valor en las penas y dificultades. Sus escritos subrayan el espíritu de oración, la manera de practicarlo y los frutos que produce.

Las frecuentes visiones, éxtasis y favores extraordinarios de que gozó la santa los describe con total plasticidad que parece dar realidad corpórea a lo sobrenatural:

"Veía un ángel cabe a mí hacia el lado izquierdo en forma corporal.... No era grande, sino pequeño, hermoso mucho, el rostro tan encendido que parecía de los ángeles muy subidos, que parecen todos se abrasan. Deben ser los que llaman querubines...... Veíale en las manos un dardo de oro largo, y al fin del hierro me parecía tener un poco de fuego. Éste me parecía meter por el corazón algunas veces, y me dejaba toda abrasada en amor grande de Dios..... No es dolor corporal, sino espiritual, aunque no deja de participar el cuerpo algo, y aun harto. Es un requiebro tan suave que pasa entre el alma y Dios, que suplico yo a su bondad lo dé a gustar a quien pensare que miento".

El Libro de las Moradas o Castillo Interior es la obra cumbre de Santa Teresa. En esta obra, donde predomina la alegoría, se compara el alma con un castillo todo diamante, que se compone de muchas Moradas, "unas en lo alto, otras en lo bajo y otras a los lados, y en el centro o mitad de todas éstas tiene la más principal, que es donde pasan las cosas de mucho secreto entre Dios y el alma". Los Conceptos de amor de Dios tienen un comentario original acerca del Cantar de los Cantares. Los poemas tienen menos importancia que su obra en prosa, algunos muestran un marcado acento popular que se identifica con la lírica del pueblo y se puede enmarcar su obra dentro de las modalidades de la ascética y la mística. Las Moradas es consecuencia del esfuerzo por presentar de manera sistemática su experiencia y visiones; toda la mística y ascética esparcida en los diversos libros de la santa sin rigor sistemático, se reorganiza aquí en una excelente exposición de la experiencia mística.

Algunas de sus obras: Camino de perfección (1564), Vida de Santa Teresa de Jesús (1562), Libro de las fundaciones (1573), El Libro de las Moradas (1577).

Selección de textos:

Si en medio de las adversidades persevera el corazón con serenidad, con gozo y con paz, esto es amor.

La vida es una mala noche en una mala posada.

No son buenos los extremos aunque sea en la virtud.

La verdad padece, pero no perece.

Si Satanás pudiera amar, dejaría de ser malvado.

Tristeza y melancolía no las quiero en casa mía.

Sólo amor es el que da valor a todas las cosas.

Esta fuerza tiene el amor si es perfecto, que olvidamos nuestro contento por contentar a quien amamos.

La perfección verdadera es amor de Dios y del prójimo.

No le parece que ha de haber cosa imposible a quien ama.

¡Cuan triste es, Dios mío, la vida sin ti!

Vivo sin vivir en mí y tan alta vida espero que muero porque no muero.

¿Quién no temerá habiendo gastado parte de la vida en no amar a su Dios?

¡Oh Señor y verdadero Dios mío! Quien no os conoce, no os ama.

El amor de Dios es el árbol de la vida en medio del paraíso terrenal.

El amor de Dios se adquiere resolviéndonos a trabajar y a sufrir por él.

Use siempre hacer muchos actos de amor, porque encienden y enternecen el alma.

El amor de Dios no ha de ser fabricado en nuestra imaginación, sino probado por obras.

Que nada te espante, que nada te turbe, todo se pasa, solo Dios basta.

No sabemos amar... No está en el mayor gusto sino en la mayor determinación de desear contentar en todo a Dios...

Todo el daño nos viene de no tener puestos los ojos en Vos, que si no mirásemos otra cosa que el camino,

Para mí la oración es un impulso del corazón, una sencilla mirada al Cielo, un grito de agradecimiento y de amor en las penas como en las alegrías.

Tu deseo sea de ver a Dios; tu temor, si le has de perder; tu dolor, que no le gozas, y tu gozo, de lo que te puede llevar allá, y vivirás con gran paz.

Dios no ha de forzar nuestra voluntad; toma lo que le damos; mas no se da a sí del todo hasta que nos damos del todo.

Parezcámonos en algo a nuestro Rey, que no tuvo casa, sino en el portal de Belén adonde nació y la Cruz donde murió.

Quienes de veras aman a Dios, todo lo bueno aman, todo lo bueno favorecen, todo lo bueno lo dan, con los buenos se juntan siempre y los favorecen y defienden.

Procuremos siempre mirar las virtudes y cosas buenas que viéremos en los otros y tapar sus defectos con nuestros grandes pecados. Tener a todos por mejores que nosotros.

Quizás no sabemos qué es amar, y no me espantaré mucho; porque no está en el mayor gusto, sino en la mayor determinación de desear en todo a Dios y procurar en cuanto pudiéremos, no ofenderle.

Quien no amare al prójimo no os ama, Señor mío.

La mejor manera de descubrir si tenemos el amor de Dios es ver si amamos a nuestro prójimo.

Santa era santa Marta, aunque no dicen era contemplativa. Pues ¿qué más queréis que poder llegar a ser como esta bienaventurada, que mereció tener a Cristo nuestro Señor tantas veces en su casa y darle de comer y servirle y comer a su mesa? Si se estuviera como la Magdalena, embebida, no hubiera quien diera de comer a este divino Huésped. Pues pensad que es esta congregación la casa de Santa Marta y que ha de haber de todo. Y las que fueren llevadas por la vida activa, no murmuren a las que mucho se embebieren en la contemplación, pues saben ha de tornar el Señor de ellas, aunque callen, que, por la mayor parte, hace descuidar de sí y de todo.

Acuérdense que es menester quien le guise la comida, y ténganse por dichosas en andar sirviendo con Marta. Miren que la verdadera humildad está mucho en estar muy prontos en contentarse con lo que el Señor quisiere hacer de ellos, y siempre hallarse indignos de llamarse sus siervos. Pues si contemplar y tener oración mental y vocal y curar enfermos y servir en las cosas de casa y trabajar -sea en lo más bajo-, todo es servir al Huésped que se viene con nosotras a estar y a comer y recrear, ¿qué más se nos da en lo uno que en lo otro?

Vivo sin vivir en mí,
y de tan alta vida espero
que muero porque no muero.

Vivo ya fuera de mí
después que muero de amor;
porque vivo en el Señor,
que me quiso para sí;
cuando el corazón le di,
puse en él este letrero:
que muero porque no muero.

Esta divina prisión
del amor con que yo vivo
ha hecho a Dios mi cautivo,
y libre mi corazón;
y causa en mí tal pasión,
ver a Dios mi prisionero,
que muero porque no muero.
¡Ay, qué larga es esta vida!
¡Qué duros estos destierros,
esta cárcel, estos hierros,
en que el alma está metida!
Sólo esperar la salida
me causa dolor tan fiero,
que muero porque no muero.

¡Ay, qué vida tan amarga
do no se goza el Señor!
Porque si es dulce el amor,
no lo es la esperanza larga.
Quíteme Dios esta carga,
más pesada que el acero,
que muero porque no muero.
Sólo con la confianza
vivo de que he de morir,
porque muriendo, el vivir
me asegura mi esperanza.
Muerte do el vivir se alcanza,
no te tardes, que te espero,
que muero porque no muero.
Mira que el amor es fuerte, vida,
no me seas molesta;
mira que sólo te resta,
para ganarte, perderte.
Venga ya la dulce muerte,
el morir venga ligero,
que muero porque no muero.

Aquella vida de arriba
es la vida verdadera;
hasta que esta vida muera,
no se goza estando viva.
Muerte, no me seas esquiva;
viva muriendo primero,
que muero porque no muero.

Vida, ¿qué puedo yo darle
a mi Dios, que vive en mí,
si no es el perderte a ti
para mejor a Él gozarle?
Quiero muriendo alcanzarle,
pues tanto a mi Amado quiero,
que muero porque no muero.

Casiodoro de Reina

Nace: 1520 en Montemolín (Badajoz).
Muere: 15 de marzo de 1594 en Fráncfort del Meno (Sacro Imperio Románico Germánico).

Fue un religioso jerónimo español converso al protestantismo, famoso por realizar la muy reconocida traducción castellana de la Biblia llamada la Biblia del Oso, que fue la primera traducción de la Biblia, abiertamente protestante, hecha al castellano.

Casiodoro de Reina ingresó en el monasterio jerónimo de San Isidoro del Campo de Sevilla como monje. Pronto tuvo contactos con el luteranismo y se convirtió en partidario de la Reforma, siendo perseguido por la Inquisición, en parte por la distribución clandestina de la traducción del Nuevo Testamento de Juan Pérez de Pineda. Desatada la represión, prefirió abandonar el monasterio y huir con sus amigos de confianza a Ginebra en 1557 (entre ellos le acompañó Cipriano de Valera).

Sin embargo, lo que vio en Ginebra no fue de su agrado: en 1553 se había ejecutado a Miguel Servet y el tratamiento dado a los disidentes era muy controvertido. C. Reina era opuesto a la ejecución de herejes reales o supuestos, por considerarla una afrenta al testimonio de Jesús. Tradujo secretamente el libro de Sebastián Castellion Sobre los herejes, De herectis an sint persequendi, que condena las ejecuciones por razones de conciencia y documenta el rechazo original del cristianismo a semejante práctica.

Aunque Casiodoro de Reina fue firmemente trinitario y, por tanto, no compartía las creencias unitarias, a causa de las cuales fue quemado Servet, no podía aceptar que se ejecutase a alguien por sus creencias. Entró en contradicción con Juan Calvino y la rigidez imperante le hizo decir que "Ginebra se ha convertido en una nueva Roma", por lo que decidió marcharse a Fráncfort del Meno. Sostuvo, en contra de la opinión dominante, que a los anabaptistas pacifistas se les debía considerar "como hermanos".

Entre tanto, la Inquisición católica realizó en Sevilla en abril de 1562 un "Acto de fe" en el que fue quemada una imagen de Casiodoro de Reina. Sus obras fueron incluidas en el llamado Índice de los Libros Prohibidos (Index

Librorum Prohibitorum) y fue declarado "heresiarca" (jefe de herejes).

En Inglaterra, donde la reina Isabel I le concedió permiso de predicar a los españoles perseguidos, fue ordenado en 1562 como pastor de la Iglesia de Inglaterra en el templo de Santa María de Hargs, y allí empieza la traducción de la Biblia en lengua castellana, la primera que se hizo a esta lengua vulgar (pues en la Biblia Políglota, impresa entre 1514 y 1517 en Alcalá de Henares, solo aparecía el latín más las lenguas originales -griego, hebreo y arameo-). Calumniado, debió huir a Amberes en enero de 1564, pasando enormes dificultades económicas para poder terminar la traducción de la Biblia.

Escribió además el primer gran libro contra la Inquisición, titulado Algunas artes de la Santa Inquisición española, publicado en Heidelberg en 1567 bajo el seudónimo de Reginaldus Gonsalvius Montanus. La obra se editó en latín, pero fue traducida inmediatamente al inglés, holandés, francés y alemán.

Su versión castellana de la Biblia fue conocida como La Biblia del Oso, por aparecer un dibujo con este animal en su portada y se publicó al fin en Basilea, en 1569. Líderes cristianos y el Concejo Municipal de esa ciudad habían apoyado la obra con todas sus fuerzas y, como muestra de gratitud, Casiodoro de Reina dedicó un ejemplar a la Biblioteca de la Universidad de Basilea, que aún se conserva. Se tiraron de esta primera edición 2.600 ejemplares, pero a pesar de los obstáculos que había para su venta, en 1596 ya se había agotado totalmente.

Casiodoro de Reina vivió en Amberes hasta 1585, año en que las tropas del rey español Felipe II se apoderaron de la ciudad, y retornó a Fráncfort del Meno, donde le habían concedido la ciudadanía en 1573. Se sostuvo ocho años con su trabajo en un comercio de sedas que estableció. Teniendo ya más de 70 años, fue elegido pastor auxiliar en 1593. Pudo ejercer su ministerio ocho meses, hasta que murió el 15 de marzo de 1594.

Algunas de sus obras: Además de la traducción de la Biblia y otras traducciones, son originales de Reina las siguientes obras:

Confesión de Fe cristiana, hecha por ciertos fieles españoles, los cuales, huyendo los abusos de la Iglesia Romana y la crueldad de la Inquisición de España, dejaron su patria, para ser recibidos de la Iglesia de los fieles, por hermanos en Cristo (1559). Sanctae Inquisitionis Hispanicae artes aliquot detectae (Algunas artes de la Santa Inquisición española) (1567). Comentarios a los Evangelios de Juan y Mateo, publicados en latín en Fráncfort (1573). Estatutos para la sociedad de ayuda a los pobres y perseguidos, en Fráncfort.

Selección de textos:

Cristiano lector: Intolerable cosa es a Satanás, padre de mentira y autor de tinieblas, que la verdad de Dios y su luz se manifieste en el mundo; porque sólo por este camino es deshecho su engaño; se desvanecen sus tinieblas, y se descubre toda la vanidad sobre la cual su reino es fundado, y de allí está cierta su ruina: y los míseros hombres que tiene ligados en muerte con prisiones de ignorancia, enseñados con la divina luz, se le salen de su prisión a vida eterna, y a libertad de hijos de Dios. De aquí viene que, aunque por la condición de su maldito ingenio aborrezca y persiga todo medio encaminado a la salud de los hombres, con singulares diligencias y fuerza siempre ha resistido, y no cesa, ni cesará de resistir (hasta que Dios lo frene del todo) a los libros de la Sagrada Escritura; porque sabe muy bien por la larga experiencia de sus pérdidas, cuán poderoso instrumento es este para deshacer sus tinieblas en el mundo, y echarlo de su vieja posesión. Mas porque la fuente de esta Divina Luz es el mismo Dios, y su intento es propagarla en este abismo de tinieblas, de aquí, que aunque muchas veces por cierto consejo suyo permita a Satanás la potestad sobre los sagrados libros, y aunque él los queme todos, y aun también mate a todos los que ya participaron de aquella celestial sabiduría, quedándonos la fuente sana y salva, (como no puede tocar en ella) la misma luz al fin vuelve a ser restaurada con gran victoria, y él queda frustrado y avergonzado de sus diligencias. Finalmente como quiera que sea, es necesario que se resuelvan: Que ni las disputas inoportunas, ni las defensas violentas, ni los pretextos cautelosos, ni el fuego, ni las armas, ni toda la potencia del mundo junta podrá ya resistir, que la Palabra de Dios no corra por todo tan libremente como el sol por el Cielo, como ya lo vamos todos probando por experiencia; y sería prudencia no poca aprender de lo experimentado para lo porvenir, y tomar otros consejos.

Que habiendo dado Dios su Palabra a los hombres, y queriendo que sea entendida y puesta en efecto por todos, ningún buen fin puede pretender el que la prohibiere en cualquier lengua que sea"

Fray Luis De León

Nace: 1527 en Belmonte (Cuenca).
Muere:23 de agosto de 1591 en Madrigal de las Altas Torres (Ávila).

Poeta, humanista y traductor español.

Nació en una familia de origen Judío. Vivió en casa de su padre hasta los catorce años. Obtiene la cátedra de Teología Escolástica en 1561, en Salamanca, en reñida oposición con los Dominicos. Tradujo el Cantar de los Cantares. A causa de una lección acerca del matrimonio, es denunciado a la Inquisición, aunque la denuncia no tuvo consecuencias. En 1572 es encarcelado en Valladolid, acusado de haber criticado la Vulgata, de haber traducido el Cantar de los Cantares y de haber mantenido opiniones novedosas acerca del sentido de las Escrituras. Permaneció en prisión hasta el mes de diciembre de 1576, sometido a completo aislamiento. Es durante este encarcelamiento que se dedica a esbozar algunas de sus obras en prosa y a escribir parte de sus poesías.

Considerado inocente, sale de la cárcel y vuelve a Salamanca, donde, en 1577 toma posesión de la cátedra de Escritura. En 1579 obtuvo, en disputa con fray Domingo de Guzmán, hijo de Garcilaso de la Vega, la cátedra de estudios bíblicos

Fray Luis de León fue un hombre renacentista, y como tal su cultura implicaba todos los campos de la ciencia: matemática, física, astronomía, música, derecho, medicina y, sobre todo, teología. Se interesó por lo didáctico, el facilitar el conocimiento de los textos sagrados.

Su teoría sobre la sociedad la expresa en términos religiosos. Lo que para él es especial es que los judíos, en tanto que pueblo religioso, juegan un papel único en la formación de la sociedad. Su conversión al Cristianismo tiene un efecto profundo sobre el curso de la historia y, según él, el final de la historia estará marcado por el cumplimiento por parte de Dios de Su antigua promesa a Su pueblo elegido. Ellos entrarán en el reino del Mesías como judíos y como cristianos. La teoría de Fray Luis de León no es presentada como punto de vista exclusivamente Cristiano acerca de la sociedad. Utiliza escritos tanto Cristianos como Judíos para apoyar sus interpretaciones sociales. Los estudiosos modernos señalan que hay tendencias apocalípticas en sus escritos. También se apoya, algunas veces, en la autoridad rabínica. Las autoridades Agustinianas están generalmente de acuerdo en que hay rasgos de influencia rabínica y ocasionalmente cabalística en sus argumentos, aunque su teología está basada en la Patrística (estudio de la vida, las obras y la doctrina de los padres de la Iglesia).

En general, Fray Luis aceptaba la superioridad de las Escrituras Hebreas sobre la Vulgata Latina para propósitos exegéticos.

Algunos estudiosos judíos han sugerido, aunque nunca afirmado, que Fray Luis era un cabalista. Ariel Bension sitúa a Fray Luis en la tradición Hebrea del misticismo Español y lo compara (junto a Juan de la Cruz y Santa Teresa) con Moisés de León y Abraham Abulafia. Francois Secret también sugiere que Fray Luis era un cristiano cabalista que formaba parte de un auténtico movimiento religioso de la época y no era meramente un propagandista anti-Judío, sino un hombre cuyas profundas creencias personales eran cabalísticas.

Fray Luis de León afirma, de acuerdo con sus propias palabras, que no está introduciendo una nueva opinión teológica en el Cristianismo, aunque sí es, aparentemente, el primero en introducir un nuevo modo de hacer teología. Hay que tener en cuenta que las influencias culturales prevalecientes durante el Renacimiento Español no eran simples. Fray Luis tuvo acceso a muy varias influencias del pasado.

Algunas de sus obras: De los nombres de Cristo (1587). Exposición del Libro de Job (1855). La Perfecta casada (1855).

Selección de textos:

El amor verdadero no espera a ser invitado, antes él se invita y se ofrece primero.

Si hay debajo de la luna cosa que merezca ser estimada y preciada es la mujer buena.

Estar en paz consigo mismo es el medio más seguro de comenzar a estarlo con los demás.

La paz es el blanco a donde enderezan su intento y el bien a que aspiran todas las cosas.

De manera que hizo Dios a Cristo Padre de este nuevo linaje de hombres; y para hacerle Padre puso en Él todo lo que al ser Padre se debe: la naturaleza conforme a los que de Él han de nacer y los bienes todos que han de tener los que en esta manera nacieren; y, sobre todo, a ellos mismos los que así nacerán, encerrados en Él y unidos con Él como en virtud y origen.

Mas, ya que he dicho cómo puso Dios en Cristo todas las partes y virtudes de Padre, pasemos a lo que nos queda por decir, y hemos prometido decirlo, que es la manera como este Padre nos engendró. Y declarando la forma de esta generación, quedará más averiguado y sabido el misterio secreto de la unión sobredicha; y declarando cómo nacemos de Cristo, quedará claro cómo es verdad que estábamos en Él primero.

Y porque el paradero de este viaje era el llegar a la tierra que les estaba guardada y el alcanzar la posesión pacífica de ella, por eso en habiendo alabado la orden hermosa que guardaban en su real y camino, llégulos a la fin del camino y mételos como de la mano en sus casas y tierras. Y por esto le dice: «¡Ven del Líbano, Amiga mía, Esposa mía! Ven del Líbano, ven, y serás coronada, de la cumbre de Amana y de la altura de Sanir y de Hermón, de las cuevas de los leones, de los montes de las onzas», que es como una descripción de la región de Judea. En la cual región, después que de ella se apoderó Dios y su pueblo, creció y fructificó por muchos siglos con grandes acrecentamiento de santidad y virtudes la Iglesia.

Por donde el Esposo, luego que puso a la Esposa en la posesión de esta tierra, contemplando los muchos frutos de religión que en ella produjo, para darlo a entender, le dice que es huerto, y le dice que es fuente, y de lo uno y de lo otro dice en esta manera: «Huerto cercado, hermana mía, Esposa; huerto cercado, fuente sellada. Tus plantas, vergeles son de granados y de lindos frutales; el cipro y el nardo, y la canela y el cinamomo con todos los árboles del Líbano, la mirra, y el sándalo, con los demás árboles del incienso.» Y finalmente diciendo y respondiéndose a veces, concluyen todo lo que a la segunda edad pertenece.

¡Qué descansada vida
la del que huye el mundanal ruido,
y sigue la escondida
senda por donde han ido
los pocos sabios que en el mundo han sido!

Para hacer mal cualquiera es poderoso.
Faltan palabras a la lengua para los sentimientos del alma.
Dichoso el humilde estado del sabio que se retira de este mundo malvado.

Las almas inmortales,
hechas a bien tamaño,
¿podrán vivir de sombra y de engaño?

Alma región luciente,
prado de bienandanza, que ni al hielo
ni con el rayo ardiente.
Fallece; fértil suelo,
producidor eterno de consuelo:
de púrpura y de nieve
florida, la cabeza coronado,
y dulces pastos mueve,
sin honda ni cayado,
el Buen Pastor en ti su hato amado.
Él va, y en pos dichosas,
le siguen sus ovejas, do las pace
con inmortales rosas,
con flor que siempre nace

y cuanto más se goza más renace.
Y dentro a la montaña,
del alto bien las guía; ya en la vena
del gozo fiel las baña,
y les da mesa llena,
pastor y pasto él solo, y suerte buena.
Y de su esfera, cuando
la cumbre toca, altísimo subido,
el sol, él sesteando,
de su hato ceñido,
con dulce son deleita el santo oído.
Toca el rabel sonoro,
y el inmortal dulzor al alma pasa,
con que envilece el oro,
y ardiendo se traspasa
y lanza en aquel bien libre de tasa.
¡Oh, son! ¡Oh, voz! Siquiera
pequeña parte alguna descendiese
en mi sentido, y fuera,
de sí la alma pusiese
y toda en ti, ¡oh, Amor!, la convirtiese,
conocería dónde
sesteas, dulce Esposo, y, desatada
de esta prisión adonde,
padece, a tu manada
viviera junta, sin vagar errada.

San Juan De La Cruz

Nace: 24 de junio de 1542 en Fontiveros (Ávila).
Muere: 14 de diciembre de 1591 en Úbeda (Jaén).

Poeta y religioso español.

Huérfano a los seis años, ingresa a los 17 en un colegio de jesuitas para estudiar humanidades. Entabló gran amistad con su paisana Teresa de Jesús que le integró en el movimiento de la reforma Carmelita que ella había iniciado. Fundó el primer convento de Carmelitas descalzos, los cuales practicaban la contemplación y la austeridad. Sus intentos reformistas le llevaron a sufrir nueve meses de dura prisión en un convento de Toledo, acusado de apóstata. Es en este periodo que compone su obra cumbre: Cántico espiritual. Después de su huida de la prisión, se refugia en un convento en Jaén donde continuó con la reforma, fundando varios conventos por Andalucía. Llega a ser Vicario Provincial de la orden de los Carmelitas Descalzos, pero su obstinación de la reforma le llevó a enfrentamientos con la jerarquía religiosa y a sufrir prisión de nuevo en el convento de la Peñuela, en Sierra Morena, donde culminó la escritura de sus principales obras literarias.

Excarcelado, se dispone a cumplir con el traslado que el impone a América, pero el 14 de Diciembre de 1591, muere a la edad de 49 años. Es elevado a la categoría de Santo 135 años después. Su obra está impregnada de un gran misticismo simbolista relacionado con el Cantar de los Cantares bíblico. Era un gran conocedor de la Biblia y de las filosofías de Platón y Aristóteles. También resume en su obra un cierto estilo de la poesía bucólica y pastoril. Otros afirman que su poesía está cargada de una encriptada sensualidad y cierto erotismo.

Su vida y persona son más ricas que su obra literaria, según afirman algunos. Quizá sea porque fue él quien vivió las experiencias que escribe al ofrendar por completo su vida a Dios y esforzarse en la búsqueda de la perfección que implica “el diálogo íntimo y permanente con Él”, pues estaba convencido que “un solo pensamiento del hombre vale más que todo el mundo, por tanto sólo Dios es digno de él”. También porque toda actividad que emprendió la realizó con amor y total entrega: como ayudante en un hospital, prefecto de estudiantes, maestro de novicios, rector, provincial, reformador, confesor.

Hay que resaltar su vocación mística, de ella deriva todo lo demás. Junto a Teresa de Jesús son los representantes máximos del misticismo español del siglo XVI. Antes que nada es "un enamorado de Dios", a quien buscaba en todo, y quiere enseñar a los demás a unirse con Dios, ayudar a sus hermanos a vivir en espíritu de Cristo. No le preocupa tanto quién es o qué es Dios, sino cómo unir el alma a Él, para lo cual es preciso apartar a un lado todo aquello que estorba y enturbia el camino hacia ese encuentro divino, es por ello que la persona que quiera abrazar esta experiencia debe desechar lo que no es Dios, o sea, todo lo material; hay que sintonizarse en el camino de ascesis: el camino de las "nadas", de la "noche oscura" de la mortificación de los apetitos, el "vacío de todas las cosas", comenzando con la negación de uno mismo: "Todas las cosas de la tierra y del Cielo, comparadas con Dios, nada son...Todas las riquezas y gloria de todo lo criado, comparadas con Dios, nada son... Todo lo que la imaginación puede imaginar y el entendimiento recibir y entender en esta vida no es ni puede ser medio práctico para la unión con Dios; al alma sólo le es posible unirse con Dios en la renuncia total de los sentidos", en la mortificación o muerte de las tendencias desordenadas y en la oración intensa en medio de un clima de silencio interior. Dios lo es todo, es sencillamente amor.

San Juan de la Cruz reprocha a los seres humanos –los de hoy día también- afanados en cuidados banales cuando dice en tono majestuoso y conmovedor:Oh almas criadas para estas grandezas y para ellas lladas, qué hacéis?, en qué os entretenéis? Vuestras pretensiones son bajezas y vuestras posesiones miserias. Oh miserable ceguera de los ojos de vuestra alma, pues para tanta luz estáis ciegos y para tan grandes voces sordos, no viendo que en tanto que buscáis grandezas y gloria os quedáis miserables y bajos, de tantos vienes hechos ignorantes e indignos? (Cántico espiritual, 39,7).

En Juan de la Cruz se conjuga la "Experiencia Viva de Dios, el saber humano y el arte".

Algunas de sus obras: Cántico espiritual (1619). Noche oscura (1619). Llama de amor viva (1619).

Selección de textos:

El alma que anda en amor, ni cansa, ni se cansa.

Sólo la verdad os hará libres.

Era una pasión por la mirada, y en su mirada estaban los ojos antes del tiempo; dice su padre que el tiempo es melancolía, y cuando se para lo llamamos eternidad.

Buscad leyendo y hallaréis meditando.

En aquel silencio y sosiego de la noche ya dicha, y en aquella noticia de la luz divina, echa de ver el alma una admirable conveniencia y disposición de la sabiduría de Dios en las diferencias de todas sus criaturas y obras; porque todas ellas y cada una tienen una correspondencia con Dios, con que cada una en su manera de voz muestra lo que en ella es Dios; de suerte que le parece una armonía de música subidísima, que sobrepuja todos los saraos y melodías del mundo; y llama a esta música callada porque, como harbemos dicho, es inteligencia sosegada y quieta, sin voces de mundo; y así, se goza en ella la suavidad de la música y la quietud del silencio; y así, dice que su Amado es esta música callada, porque en él se conoce y gusta esta armonía de música espiritual.

Descubre tu presencia,
y máteme tu vista y hermosura;
mira que la dolencia
de amor, que no se cura
sino con la presencia y la figura.

Véante mis ojos,
pues eres lumbre de ellos,
y sólo para ti quiero tenerlos.

En la noche dichosa,
en secreto, que nadie me veía,

ni yo miraba cosa,
sin otra luz ni guía
sino la que en el corazón ardía.

¡Oh llama de amor viva,
que tiernamente hieres
de mi alma en el más profundo centro!
Pues ya no eres esquiva,
acaba ya, si quieres;
¡rompe la tela de este dulce encuentro!
¡Oh cauterio suave!
¡Oh regalada llaga!
¡Oh mano blanda! ¡Oh toque delicado,
que a vida eterna sabe
y toda deuda paga!
Matando, muerte en vida la has trocado.
¡Oh lámparas de fuego
en cuyos resplandores
las profundas cavernas del sentido,
que estaba oscuro y ciego,
con extraños primores
calor y luz dan junto a su querido!
¡Cuán manso y amoroso
recuerdas en mi seno,
donde secretamente solo moras:
y en tu aspirar sabroso
de bien y gloria lleno
cuán delicadamente me enamoras!

Baltasar Gracián

Nace: 8 de enero de 1601 en Belmonte de Gracián (Calatayud, Zaragoza).
Muere: 6 de diciembre de 1658 en Tarazona (Zaragoza).

Escritor y filósofo español, precursor del existencialismo y de la post modernidad y uno de los más insignes pensadores que ha tenido la humanidad.

Pasó su juventud bajo el cuidado de su tío en Toledo. Ingresa con 18 años en la Compañía de Jesús, ordenándose presbítero en 1627. Luchó contra los franceses en la guerra de Cataluña y en los sitios de Lérida y Tarragona. En 1643 fue profesor de Sagrada Escritura en Zaragoza y rector del colegio de los Jesuitas en Tarragona. También enseñó filosofía y teología en varias escuelas jesuitas en Aragón. Publicó la primera parte del Criticón en 1651, y seis años más tarde aparece la tercera parte. Fue destituido de su cátedra y desterrado a Graus. Hubo de usar varios seudónimos para poder realizar su labor literaria dentro de la orden.

Su paso por el colegio de Huesca le permitió entrar en contacto con medios muy cultos. Dotado de gran inteligencia y de una elocuencia rica y límpida, a partir de 1637 se dedicó en exclusiva a la predicación Ejerció por un tiempo de secretario de Felipe IV, tras lo cual fue enviado, en parte como castigo de la Compañía por sus ideas y escritos, a combatir contra los franceses en el sitio de Lérida (1646). En 1650 había empezado a preparar El Comulgatorio (publicado con su apellido en 1655), obra que comprende cincuenta meditaciones para la comunión y son una valiosa muestra de oratoria y cultura. En El Héroe, publicada bajo el seudónimo de Lorenzo, critica a Nicolás Maquiavelo, describiendo su modelo ideal de conducta cortés en el hombre Cristiano. El Político don Fernando el Católico –título original de la primera edición (1640)- establece su modelo ideal para un político donde analiza bien a las claras las cualidades que perfilan el arquetipo ideal de un buen gobernante. Para Gracián estas virtudes paradigmáticas del verdadero político pueden extraerse de la figura histórica del rey don Fernando el Católico (1452-1516).

De carácter orgulloso e impetuoso y, sobre todo, mucho más hombre de letras que religioso, Gracián optó por desobedecer de nuevo a la jerarquía y publicó las partes segunda y tercera de El Criticón (1653 y 1657), bajo el nombre de su hermano, Lorenzo de Gracián. El segundo volumen no le costó más que una nueva amonestación de los jesuitas, pero la aparición del tercero supuso su caída en desgracia. El padre Piquer, rector del colegio jesuita de Zaragoza, lo castigó a ayuno de pan y agua y, tras desposeerle de la cátedra que ostentaba, lo desterró a Graus. El mismo año de 1657 apareció la Crítica de la Reflexión, violento alegato contra él, firmado por un autor levantino. Parcialmente rehabilitado, se instaló en Tarazona, donde su petición de ingresar en una orden monástica le fue denegada por la Compañía.

Una concepción del hombre y el mundo realista (otros la etiquetan de pesimista) predomina en sus primeras obras: El Héroe (1637), El Discreto (1647) y Oráculo manual y arte de la prudencia (1647), en las que da consejos sobre la mejor manera de triunfar. El estilo de Gracián, considerado el mejor ejemplo del conceptismo, estilo didáctico desarrollado por Gracián que se recrea en los juegos de palabras y los dobles sentidos. En Agudeza y Arte de Ingenio teorizó acerca del valor del ingenio y sobre los "concep tos", que él entiende como el establecimiento de relaciones insospechadas entre objetos aparentemente dispares; el libro se convirtió en el código de la vida literaria española del siglo XVII y ejerció una duradera influencia a través de pensadores como La Roche Foucauld o Schopenhauer. La obra cumbre de su producción literaria, El Criticón, emprende el ambicioso proyecto de ofrecer una amplia visión alegórica de la vida humana en forma novelada y sirve como compendio novelado de toda su obra anterior, ampliándola. El tono de la obra es pesimista, desengañado, donde Gracián, que la escribió en plena madurez vital y literaria, expresa toda la desilusión acumulada y su visión particular de la existencia humana. Esta alegoría moral ha sido comparada, por importancia, con El Quijote y La Celestina. Sus dos protagonistas, Andrenio y Critilo, son símbolos, respectivamente, de la Naturaleza y la Cultura, de los impulsos espontáneos y de la reflexión prudente. Critilo "el hombre crítico" representa la desilusión, y su discípulo Andrenio, el "hombre natural" representa el estado primordial de inocencia del hombre, una especie de "noble salvaje" Rousseauniano. Hace comentarios satíricos acerca de la sociedad y enfatiza la auto-mejora, con tan fuerte tono realista (pesimista) que llegó a cautivar a Schopenhauer. Gracián parte de la afirmación barroca de que la naturaleza es imperfecta, Critilo es quien salva a Andrenio de las asechanzas del mundo y lo conduce luego a la isla de la Inmortalidad, a través de una serie de lugares alegóricos.

Gracián, además de atraer la atención de A. Schopenhauer, (realizó una traducción de su libro El Arte de la Prudencia conocida por Nietzsche) a sugerencia de Goethe, que mantenía su libro El Arte de la Prudencia en su mesita de noche y quien llego a afirmar: "mi escritor preferido es el filósofo Gracián". Dado el influjo que tuvo el pensamiento de Schopenhauer en los filósofos alemanes de todo el siglo XIX, a nadie puede extrañar que el genial Nietzsche llegara a sostener que "Europa no ha producido nada más fino ni complicado de sutileza moral" que el Oráculo Graciano, máxima que elevó definitivamente al Jesuita a los altares de la Filosofía Universal.

Fue considerado un precursor del existencialismo y la modernidad. Su reconciliación con los monjes sólo tuvo lugar poco antes de su muerte.

Algunas de sus obras: El Criticón (1651). El Discreto (1646). Oráculo manual y arte de prudencia (1647). El Héroe (1637). El Político (1640).

Selección de textos:

Donde acaba el deseo comienza el temor.

El más poderoso hechizo para ser amado es amar.

Es mejor consultar las cosas con la almohada a tiempo que perder el sueño por su causa después.

Has de hablar como en testamento, que a menos palabras, menos pleitos.

Ser eminente en profesión humilde es ser grande en lo poco, es ser algo en nada.

Las serpientes son las maestras de toda sagacidad: ellas nos muestran el camino de la prudencia.

Saber y saberlo demostrar es saber dos veces.

Lo bueno, si breve, dos veces bueno.

Pon un gramo de audacia en todo lo que hagas.

El primer paso de la ignorancia es presumir de saber.

La fortuna se cansa de llevar siempre a un mismo hombre sobre las espaldas.

Errar es humano, pero más lo es culpar de ello a otros.

No hay hombre, por viejo que esté, que no piense que puede vivir otro año.

No hay maestro que no pueda ser discípulo.

La libertad consiste en poder hacer lo que se debe hacer.

Visto un león, están vistos todos, y vista una oveja, todas; pero visto un hombre, no está visto sino uno, y aún no bien conocido.

Lo bien dicho se dice presto.

El mentiroso tiene dos males: que ni cree ni es creído.

Cualquiera vale para enemigo, no así para amigo; pocos pueden hacer bien, y casi todos mal.

El hombre sensato obtiene más de sus enemigos que el necio de sus amigos.

Lo bueno, si breve, dos veces bueno; lo malo, si poco, no tan malo.

La queja trae descrédito.

Hay a veces, entre un hombre y otro, casi tanta distancia como entre el hombre y la bestia.

No hay peor sordo que el que no puede oír; pero hay otro peor, aquél que por una oreja le entra y por otra se le va.

Triste cosa es no tener amigos, pero más triste debe ser no tener enemigos, porque quien enemigos no tenga, señal de que no tiene ni talento que haga sombra, ni valor que le teman, ni honra que le murmuren, ni bienes que le codicien, ni cosa buena que le envidien.

Bien está dos veces encerrada la lengua y dos veces abiertos los oídos, porque el oír ha de ser el doble que el hablar.

Obró mucho el que nada dejó para mañana.

Saber olvidar, más es dicha que arte.

Cada uno muestra lo que es en los amigos que tiene.

De los amigos ofendidos salen los peores enemigos: añaden a su defecto todos los ajenos.

Tratar con quien se pueda aprender. Sea el amigable trato escuela de erudición y la conversación enseñanza culta; un hacer de los amigos maestros, penetrando el útil del aprender con el gusto del conversar. Alternase la fruición con los entendidos, logrando lo que se dice en el aplauso con que se recibe, y lo que se oye en el amaestramiento. Ordinariamente nos lleva a otro la propia conveniencia, aquí realzada. Frecuenta el atento las casas de aquellos héroes cortesanos, que son más teatros de la heroicidad que palacios de la vanidad. Hay señores acreditados de discretos que, a más de ser ellos oráculos de toda grandeza con su ejemplo y en su trato, el cortejo de los que los asisten es una cortesana academia de toda buena y galante discreción.

Conocer los defectos dulces. El hombre más perfecto no se escapa de algunos, y se casa o se amanceba con ellos. No porque no los conozca el mismo sujeto, sino porque los ama. Dos males juntos: apasionarse y por vicios. Son lunares de la perfección, ofenden tanto a los de afuera cuanto a los mismos les suenan bien. Aquí es el gallardo vencerse y dar esta felicidad a los demás realces; todos topan allí, y cuando habían de celebrar lo mucho bueno que admiran, se detienen donde reparan, afeando aquello por desdoro de las demás prendas.

Miguel de Molinos

Nace: 30 de junio de 1628 en Muniesa (Teruel).
Muere: 28 de diciembre de 1696 en Roma.

Fue un escritor místico y teólogo español, creador del quietismo.

De los dieciocho años a los treinta y cuatro se estableció en Valencia, donde estudiaría en el Colegio de San Pablo de los jesuitas. Allí se doctoró en teología y se ordenó sacerdote. Fue beneficiado de la iglesia de San Andrés de Valencia, beneficio instituido por su compatriota de Muniesa Bernardo de Murcia, a la muerte de su anterior titular Juan Cabañero. Recibió licencia además como confesor de monjas. Presentó su oposición a penitenciario del Colegio del Corpus Christi de la misma ciudad, que fue fundación de San Juan de Ribera. Molinos debió pertenecer asimismo a la Cofradía Escuela de Cristo, que fomentaba la reflexión espiritual. La Diputación del Reino de Valencia le encargó postular la beatificación de Francisco Jerónimo Simó, para lo cual marchó en 1665 a Italia.

Se estableció finalmente en la iglesia Agustina de San Alfonso de Roma, donde obtuvo una fama extraordinaria como predicador y director espiritual y consiguió con ello gran valimiento entre personalidades destacadas, que fueron sus fieles adeptos. Se le reputaba como un gran ascético, como un iluminado. Fue recibido por personalidades de la talla del general de los jesuitas Paolo Oliva, por mediación de la Escuela de Cristo, con la que había tenido contacto en Valencia. Incluso tuvo intercambio epistolar con la reina Cristina de Suecia y desarrolló una amistad con el Papa Inocencio XI.

Su Guía espiritual, con el significativo subtítulo Que desembaraza al alma y la conduce por el interior camino para alcanzar la perfecta contemplación y el rico tesoro de la interior paz se publicó en italiano (Roma, 1675). En ella Molinos expone el mejor camino para llegar a Dios; el último objetivo es el amor de Dios, para el cual el alma no ha de hacer nada: ha de estar pura y sin pecado, aligerada de toda preocupación o meditación, quieta. Dios hará lo demás. Esto produce un vacío espiritual, una nada, como el camino más corto para llegar a Dios. Estas doctrinas son curiosamente muy cercanas al budismo y a su búsqueda del nirvana, lo que no escapó a Pierre Bayle (considerado un antecedente de la Ilustración), en su Dictionnaire Historique et Critique (1697), donde realiza una descalificación del pensamiento oriental sobre la base de homologarlo al quietismo.

La obra de Molinos representa el crepúsculo de la brillante tradición mística española. Si bien la Guía espiritual y su quietismo no tuvieron repercusiones en España, pero sí bastante interés en el extranjero: fue traducida al latín, francés, holandés, italiano, alemán e inglés; en quince años corrieron veinte ediciones en diversas lenguas. El quietismo tuvo repercusión sobre todo en Italia, donde cardenales como Casanata, Carpegna, Azzolini y el mismo D'Estrées se honraron con la amistad de Molinos, y otros como Leandro Colloredo, Cíceri y Petrucci, Obispo de Jesi, las abrazaron abiertamente; incluso el propio Papa Inocencio XI pareció a muchos inclinado en favor de Molinos y dispuesto a hacerle cardenal. En Francia además también produjo una polémica; difundieron el quietismo el padre François Lacombe, madame Jeanne Guyon y el mismo Fénelon, que apoyó las doctrinas de éste sobre el amor divino; intervino al fin Bossuet, quien logró erradicar sus doctrinas. Modernamente, el quietismo atrajo la atención del poeta José Ángel Valente, quien inspiró su poesía del silencio en algunos de sus postulados o en los del escritor portugués Miguel Torga.

La contemplación designa a la vez dos vertientes: por una parte, el objetivo de la unión mística y, por otra, el método para alcanzarla. En ese método los conceptos preferidos de Molinos son la aniquilación, el recogimiento, la muerte mística, la oración de quietud; en fin, la suspensión de la palabra, del entendimiento. Pues bien, esa contemplación es la que cayó bajo la sospecha teológica. Se enfrentaban dos conceptos de espiritualidad: el no discursivo y contemplativo, y el discursivo y meditativo de los jesuitas, principales detractores del quietismo. Los contenidos teológicos de la bula papal que condena a Molinos (Caelestis pastor, del 20 de noviembre de 1687), son bastante pobres. El argumento más reiterado es el de la inmoralidad y la incitación al pecado, entendiendo muy a menudo implícita o explícitamente por tal pecado la conducta sexual. La lógica de esta derivación es bastante clara: se acusa a Molinos de promover una espiritualidad que dejaría en suspenso, en virtud de la apelación a la quietud, la responsabilidad moral; de ahí, la derivación hacia la irresponsabilidad moral, que conduce, entre otros, al pecado de contenido sexual. En síntesis, los argumentos serían los siguientes:

Molinos encarna una tendencia natural, inscrita en la naturaleza humana, a evitar los esfuerzos, en este caso el esfuerzo espiritual, la práctica de las virtudes, etc.

En el difícil equilibrio entre esfuerzo y gracia divina, Molinos y el quietismo exageran el elemento de la gracia; ello parece eximirles del esfuerzo, los precipita en el abandono.

El quietismo exagera la pasividad, hasta el punto de eliminar la voluntad, la responsabilidad; ello conduce de hecho a la ociosidad espiritual.

El quietismo modifica el carácter de la unión mística, derivando hacia una especie de panteísmo donde toda delimitación entre la criatura y Dios queda desdibujada.

Molinos escribió además La devoción de la buena muerte (Valencia, 1662), publicada bajo el seudónimo de Juan Bautista Catalá, y Tratado de la comunión cotidiana.

Molinos siempre añoró volver a su pueblo natal Muniesa, sin poder llegar a cumplirlo.

Selección de Textos:

Sabrás que se ha de desapegar y negar de cinco cosas el que ha de llegar a la ciencia mística. La primera, de las criaturas; la segunda, de las cosas temporales; la tercera de los mismos dones del Espíritu Santo; la cuarta de sí misma y la quinta se ha de desapegar del mismo Dios. Esta última es la más perfecta, porque el alma que así se sabe solamente desapegar, es la que se llega a perder en Dios, y sólo la que así se llega a perder, es la que se acierta a hallar.

Debes, pues, procurar en tu alma una perfecta desnudez de todo cuanto hay, hasta del mismo Dios.

De cuatro modos puede violarse la pobreza de espíritu y desnudez de la alma; los cuales son: prendiéndose con afecto impuro de alguna criatura, de sí misma, de los dones divinos, o del mismo Dios. Cuyos cuatro capitales desordenes deben corregirse por otras cuatro radicales virtudes, que son: negación y desapropiación de todas las cosas criadas, resignación perfecta en Dios, la fe desnuda y puro amor.

Siempre que se alcanza el fin cesan los medios y, llegando al puerto, la navegación. Así el alma, si después de haberse fatigado por medio de la meditación, llega a la quietud, sosiego y reposo de la contemplación, debe entonces cercenar los discursos y reposar quieta, con una atención amorosa y sencilla vista de Dios, mirándole y amándole, y desechando con suavidad todas las imaginaciones que se le ofrecen, quietando el entendimiento en aquella divina presencia, recogiendo la memoria, fijándola toda en Dios, contentándose con el conocimiento general y confuso que de él tiene por la fe, aplicando toda la voluntad en amarle, donde estriba todo el fruto.

Es constante que Cristo Señor nuestro enseñó a todos la perfección y quiere siempre que todos sean perfectos, con especialidad los idiotas y sencillos. Claramente manifestó esta verdad cuando eligió para su apostolado a los más ignorantes y pequeños, diciendo a su Eterno Padre: «Te confieso y doy las gracias, Oh Padre eterno, porque escondiste esta divina ciencia de los sabios y prudentes, y la manifestaste a los sencillos y pequeñuelos». Y es cierto que éstos no pueden alcanzar la perfección por agudas meditaciones y sutiles consideraciones, pero son capaces como los más doctos para poder llegar a la perfección por los afectos de la voluntad, donde más principalmente consiste.

Dos maneras hay de devoción: la una es esencial y verdadera; la otra, accidental y sensible. La esencial es una prontitud de ánimo para bien obrar, para cumplir los mandamientos de Dios y hacer todas las cosas de su servicio, aunque por la flaqueza humana no se pongan en ejecución como se desea. Esta es verdadera devoción, aunque no se sienta gusto, dulzura, suavidad ni lágrimas; antes suele tenerse con tentaciones, sequedades y tinieblas.

No llegarás jamás a este dichoso estado por más que te fatigues con los ejercicios exteriores de mortificación y resignación, hasta que interiormente este Señor te purgue y ejercite a su modo, porque él solo sabe cómo se han de purgar los defectos secretos. Si tú perseveras con confianza, no sólo te purgará de los afectos y apegos de los bienes naturales y temporales, pero a su tiempo te purificará también de los sobrenaturales y sublimes, como son las comunicaciones internas, los raptos y éxtasis interiores, y otras infusas gracias donde se apoya y entretiene el alma.

Lo que importa es preparar tu corazón a manera de un blanco papel, donde pueda la divina sabiduría formar los caracteres a su gusto. ¡Oh, qué grande obra será para tu alma estar en la oración las horas enteras, muda, resignada y humillada, sin hacer, sin saber ni querer entender nada.

San Antonio María Claret y Clará

Nace: 23 de diciembre de 1807 en Sallent (Barcelona).
Muere: 24 de octubre de 1870 en la Abadía de Fontfride.

Arzobispo de Santiago de Cuba y confesor de la reina Isabel II de Borbón. Fundador de la congregación religiosa católica de los Misioneros Hijos del Inmaculado Corazón de San Antonio María Claret y Clará C.M.F. (en catalán: Antoni María Claret i Clarà), y, con la venerable María Antonia París de San Pedro, de la Congregación de las Religiosas de María Inmaculada Misioneras Claretianas el 27 de agosto de 1855.

San Antonio María Claret se da cuenta que para predicar y evangelizar, hay que buscar otros medios, que con la palabra hablada no es suficiente. Hace falta la palabra escrita: funda la Editorial Librería Religiosa (hoy conocida como Editorial Claret). Se distribuyen millones de estampas escritas, folletos, libros... Con la intención de promocionar y preparar a misioneros que vivan en comunidad, el 16 de julio de 1849, funda junto a sus colaboradores la Congregación de Misioneros de Corazón de María (hoy llamados Claretianos). En un principio nace como asociación sacerdotal cuyos miembros viven en comunidad y se entregan a la evangelización itinerante. Con el paso de los años se transformará en instituto canónico de vida consagrada (no necesariamente sacerdotes) y con la aceptación de los tres votos: pobreza, celibato y castidad.

Los últimos años de su vida los pasa en el Monasterio Cisterciense de Fontfreda, en el sur de Francia. Allí fallece con fama de santidad el 24 de octubre de 1870. El cuerpo fue trasladado a Vic (Barcelona), donde descansa en el templo de la Comunidad Claretiana.

La santidad de Claret fue reconocida el 25 de febrero de 1934 (beatificación) y el 7 de mayo de 1950 (canonización). El Papa Pío XII, en unas palabras pronunciadas después de declararlo santo lo definía de esta manera:

"Alma grande, nacida como para ensamblar contrastes; pudo ser humilde de origen y glorioso a los ojos del mundo; pequeño de cuerpo, pero de espíritu gigante; de apariencia modesta, pero capaz de imponer respeto incluso a los grandes de la tierra; fuerte de carácter, pero con la suave dulzura de quien conoce el freno de la austeridad y de la penitencia; siempre en la presencia de Dios, aun en medio de su prodigiosa actividad exterior; calumniado y admirado, festejado y perseguido. Y entre tantas maravillas, como luz suave que todo lo ilumina, su devoción a la Divina Madre".

Selección de textos:

Conocí que la virtud que más necesitaba un misionero apostólico, después de la humildad y pobreza, es la mansedumbre. Por eso, Jesucristo decía a sus amados discípulos: Aprended de mí, que soy manso y humilde de corazón, y así hallaréis descanso para vuestras almas. La humildad es como la raíz del árbol, y la mansedumbre es el fruto. Con la humildad, dice San Bernardo, se agrada a Dios, y con la mansedumbre, al prójimo. En el sermón que Jesucristo hizo en el monte dijo: Bienaventurados los mansos, porque ellos poseerán la tierra. No sólo [la] tierra de promisión y la tierra de los vivientes que es el Cielo, sino también los corazones terrenos de los hombres.

El hombre vil, débil, menguado y cobarde nunca hace sacrificio alguno, ni es capaz de hacerle, porque no resiste a ningún antojo o apetito de la concupiscencia. Todo lo que la concupiscencia le pide, si está en su mano conceder o negar, nada niega a su pasión, porque es un cobarde y vil, y se deja vencer y se rinde. A la manera de dos que pelean, que el valiente vence al cobarde, así el vicio y el vicioso, éste queda vencido y aprisionado por el mismo vicio. Por esto, la continencia y castidad es tan alabada, porque el hombre se abstiene de los placeres y deleites que le ofrece la naturaleza o la pasión.

La virtud más necesaria es el amor. Sí, lo digo y lo diré mil veces: la virtud que más necesita un misionero apostólico es el amor. Debe amar a Dios, a Jesucristo, a María Santísima y a los prójimos. Si no tiene este amor, todas sus bellas dotes serán inútiles; pero, si tiene grande amor con las dotes naturales, lo tiene todo.

¡Oh prójimo mío!, yo te amo, yo te quiero por mil razones. Te amo porque Dios quiere que te ame. Te amo porque Dios me lo manda. Te amo porque Dios te ama. Te amo porque eres criado por Dios a su imagen y para el Cielo. Te amo porque eres redimido por la sangre de Jesucristo. Te amo por lo mucho que Jesucristo ha hecho y sufrido por ti; y en prueba del amor que te tengo haré y sufriré por ti todas las penas y

trabajos, hasta la muerte si es menester. Te amo porque eres amado de María Santísima, mi queridísima Madre. Te amo porque eres amado de los Ángeles y Santos del Cielo. Te amo, y por amor te libraré de los pecados y de las penas del Infierno. Te amo, y por amor te instruiré y enseñaré los males de que te has de apartar y las virtudes que has de practicar, y te acompañaré por los caminos de las obras buenas y del Cielo.

Todos los días del invierno, por lo común, me levanto a las tres, y a veces antes, porque me levanto luego cuando no acierto a dormir, pues que sin dormir no estoy jamás en la cama. Luego empiezo el rezo del Oficio divino, rezo maitines y laúdes, el santísimo Trisagio, y después leo la Sagrada Escritura, me preparo para la santa Misa, la celebro, doy gracias y me pongo en el confesionario hasta las once, que me levanto para dar audiencia a los que quieren hablar conmigo. De las once a las doce es la hora que tengo más pesada, porque me vienen con pretensiones a las que yo (no) puedo acceder, como son empeños para empleos, destinos y cosas por el estilo. De las doce a las doce y cuarto tengo el examen particular; a las doce y cuarto comemos; después rezo horas, vísperas y completas. Después, por la tarde y noche, me ocupo en visitar a los enfermos, presos u otros establecimientos de Caridad, en predicar a las Monjas, Hermanas, etc., etc., y en estudiar y escribir libritos y hojas sueltas.

Propongo conservarme siempre en un mismo humor y equilibrio, sin dejarme dominar jamás de la ira, impaciencia, tristeza, ni de la alegría demasiada, acordándome siempre de Jesús, de María y de José, que también tuvieron sus penas, y más grandes que las mías. Pensaré que Dios así lo ha dispuesto, y para bien mío; y por lo mismo, no me quejaré, sino que diré: Hágase la voluntad de Dios. Acordándome de lo que dice San Agustín: Aut facies quod Deus vult, aut patieris quod tu non vis. También me acordaré de lo que Dios encargó a Santa Magdalena de Pazzis: Que siempre se mantuviese en un mismo humor inalterable, un grande agrado con toda suerte de personas y que jamás se le escapase una palabra de lisonja. De San Martín se lee que jamás se le vio enfadado, ni triste, ni que riese, sino que siempre se le vio igual, con una celestial alegría; era tan grande su paciencia, que, no obstante de ser Prelado, si los ínfimos clérigos le ofendían, podían estar seguros de que no los castigaría.

Jaime Balmes

Nace: 28 de aosto de 1810 en Vic (Osona, Barcelona).
Muere: 9 de julio de 1848 en Barcelona.

Filósofo y teólogo español. Fomentó el resurgimiento del escolasticismo como soporte teórico del catolicismo.

Perteneció a una familia de artesanos catalanes. Gracias a una beca del Colegio San Carlos pudo ir a la Universidad de Cervera (Lérida), donde cursó estudios de teología, historia, jurisprudencia, filosofía y matemáticas. Colaboró como publicista católico en el periódico La Religión, fundado por Joaquín Roca y Cornet. Moderado conservador se opuso al régimen liberal-progresista de Espartero, estableciéndose en 1841 en Madrid pensando en defender el sistema moderado contra el partido progresista en el poder. En Madrid tuvo contactos con diputados moderados como Manuel de Pezuela, los cuales le subvencionaron en parte todas las publicaciones.

A su regreso a Barcelona, fundó, junto con Roca y Cornet y Ferrer y Subirana, la revista La Civilización (1843-44), con la que pretendía influir en la opinión pública catalana a favor de los principios que inspiraban la política de los moderados. Terminan separándose debido a una discusión y Jaime Balmes funda en solitario la revista La Sociedad (1843-46). Su obra más importante en el campo de la política, El Protestantismo comparado con el Catolicismo. Desde su nueva revista, El Pensamiento de la Nación (1844-46), que compaginaba con La Sociedad se dedicó a proclamar sus pensamientos filosóficos y políticos, siempre ayudado económicamente por los sectores moderados catalanes y de Madrid. Balmes pretendió convertir su revista en el órgano de gobierno, cuyo programa se basaba en la reconstrucción social de la nación sobre la base de sus antigua tradiciones.

En 1844, con la llegada al poder del moderado Narváez, Jaime se presenta como candidato a las elecciones por Barcelona. No logró su propósito, pero sí conformó un grupo de partidarios de su postura política. En abril de 1845, Jaime viaja a París para entrevistarse con los prohombres del carlismo, exiliados en la capital francesa, y les expuso su proyecto político. La consecuencia de estos contactos fue que el pretendiente carlista se comprometió a casarse con la futura reina de España, Isabel II, concluyendo así el enfrentamiento de los dos bandos monárquicos por el trono español. Jaime Balmes publicó en su revista El Pensamiento de la Nación todos los acuerdos a los que se llegó en París. Pero el anuncio de matrimonio de Isabel con su primo Francisco de Asís frustró los planes de Jaime Balmes, además de provocar el cierre de la revista El Pensamiento de la Nación.

Durante el 1847 redactó su obra clave, Filosofía Elemental. Ese mismo año marcha de nuevo a París para entrevistarse con dirigentes y escritores católicos, y para preparar la edición de su obra en francés. A su vuelta a España, el nuncio apostólico, monseñor Brunelli, le encargó la preparación de un folleto en defensa del nuevo Papa Pío IX, criticado por todos los sectores católicos, incluida Italia, envuelta en un largo proceso de reunificación del país. En este folleto, llamado precisamente Pío IX, defiende la compatibilidad de la libertad individual con la religión, lo cual provocó la censura del sector más duro del clero español. Finalmente, antes de su muerte prematura escribió su última obra. La República Francesa, claramente inspirada en los sucesos revolucionarios que tuvieron lugar en Francia en 1848.

Los contenidos de la ética de Balmes no están del todo completos ni son perfectamente sistemáticos. Lo hizo así intencionadamente, según algunos. Solamente quería establecer las bases en un saber fundamental y, en cierto sentido, seguro de donde deducir las aplicaciones particulares.

Su filosofía se centra sobre todo en cuestiones epistemológicas y metafísicas de manera polémica ante Kant, Hume, Berkeley, Fichte, Leibniz, Descartes… En El Criterio habla de sobre cuestiones éticas de manera más familiar y con muchos ejemplos prácticos. La suya es una ética que podría definirse como la parte práctica de una filosofía teórica desarrollada con mayor amplitud y fundamentada en una metafísica y antropología, por lo que no separa naturaleza de libertad, ni conciencia de naturaleza humana. Según Balmes: "La conducta del hombre, así con respecto a lo moral como a lo útil, no debe gobernarse por impresiones, sino por reglas constantes; en lo moral, por las máximas de eterna verdad; en lo útil, por los consejos de la razón". Las pasiones, que desde el punto de vista antropológico forman parte de la naturaleza y de la acción humana, están sujetas, como toda acción humana al juicio moral sobre su bondad o su malicia, sobre su rectitud o su exageración, sobre su justicia o injusticia. Para que las acciones sean moralmente buenas deberán estar ordenadas por una conciencia recta. Las pasiones se cuidan del instante; la razón mira también al porvenir y al bien de la persona íntegra.

Tomás Aquino enseña que las pasiones no son, en sí mismas, ni buenas ni malas, pero que si alguien es alabado o vituperado, lo será por sus bienes o por sus males morales. Por lo tanto, las pasiones serán laudables o vituperables según como las ordene la razón. Tan necesarias son las pasiones para la acción humana, como necesario es el someterlas a la razón y a la voluntad para que sean verdaderos medios y no fines. Solamente se vuelven malas cuando predominan sobre las facultades superiores.

Algunas de sus obras: El criterio (1845). El protestantismo comparado (1844). Cartas a un escéptico en materia de religión (1846).

Selección de textos:

El pensar bien consiste: o en conocer la verdad o en dirigir el entendimiento por el camino que conduce a ella.

No hay sabiduría sin prudencia. No hay filosofía sin cordura.

El pueblo comprende más pronto el lenguaje de las pasiones que el de la razón.

No es muy difícil atacar las opiniones ajenas, pero sí el sustentar las propias: porque la razón humana es tan débil para edificar, como formidable ariete para destruir.

La lectura es como el alimento; el provecho no está en proporción de lo que se come, sino de los que se digiere.

Me convencí de que dudar de todo es carecer de lo más preciso de la razón humana, que es el sentido común.

La razón es un monarca condenado a luchar de continuo con las pasiones sublevadas.

Hasta los sentimientos buenos, si se exaltan en demasía, son capaces de conducirnos a errores deplorables.

No es tolerante quien no tolera la intolerancia.

Un hombre con pereza es un reloj sin cuerda.

Voluntad firme no es lo mismo que voluntad enérgica y mucho menos que voluntad impetuosa.

Sólo la inteligencia se examina a sí misma.

Se ha de leer mucho, pero no muchos libros; ésta es una regla excelente.

¡Ay de los pueblos gobernados por un poder que ha de pensar en la conservación propia!

Terrible es el error cuando usurpa el nombre de la ciencia.

Dudar de todo es carecer de lo más preciso de la razón humana, que es el sentido común.

El corazón necesita amar. Celestial o terreno, ha de amar algún objeto, y es vano luchar contra esta ley.

El hombre emplea la hipocresía para engañarse a sí mismo, acaso más que para engañar a los otros.

El medio para deshacerse de un hombre amante de contradecir es callar y escuchar reposadamente.

En la lectura debe cuidarse de dos cosas: escoger bien los libros y leerlos bien.

La atención es la aplicación de la mente a un objeto; el primer medio para pensar es escuchar bien.

La templanza es el vigor del alma.

Sin orden no hay obediencia a las leyes, y sin obediencia a las leyes no hay libertad, porque la verdadera libertad consiste en ser esclavo de la ley.

Entendemos más por intuición que por discurso: la intuición clara y viva es el carácter del genio.

La educación es al hombre lo que el molde al barro. Le da la forma.

La naturaleza sin la señal de la mano del hombre es más sublime.

Las pasiones son buenos instrumentos, pero malos consejeros. El hombre sin pasiones sería frío, pero en cambio el hombre dominado por las pasiones, es ciego.

Los hombres que alaban siempre son o simples o bajos; los que no alaban nunca son o imbéciles o envidiosos.

La práctica sin la teoría permanece estacionaria o no adelanta sino con muchísima lentitud; pero, a su vez, la teoría sin la práctica fuera también infructuosa. La teoría no progresa ni se consolida sin la observación, y la observación estriba en la práctica. ¿Qué sería la ciencia agrícola sin la experiencia del labrador?

El pensar bien consiste: o en conocer la verdad o en dirigir el entendimiento por el camino que conduce a ella. La verdad es la realidad de las cosas. Cuando las conocemos como son en sí, alcanzamos la verdad; de otra suerte, caemos en error. Conociendo que hay Dios conocemos una verdad, porque realmente Dios existe; conociendo que la variedad de las estaciones depende del Sol, conocemos una verdad, porque, en efecto, es así; conociendo que el respeto a los padres, la obediencia a las leyes, la buena fe en los contratos, la fidelidad con los amigos, son virtudes, conocemos la verdad; así como caeríamos en error pensando que la perfidia, la ingratitud, la injusticia, la destemplanza, son cosas buenas y laudables.

Juan Bautista Cabrera e Ibars

Nace: 23 de abril de 1837 en Benisa (Alicante).
Muere: 18 de mayo de 1916 en Madrid.

Hizo estudios de Instrucción Primaria en su villa natal; estudió parte del Bachillerato en el Instituto de Valencia, durante los años de 1850 y 1851; ingresó en la "Orden de Clérigos Regulares de las Escuelas Pías," en Valencia, el año 1852 y, durante un año de noviciado, estudió literatura española, ampliación de latín, elementos de griego y hebreo, y otras materias que forman parte de las Humanidades.

Hizo su profesión religiosa en 1853 y luego pasó al Colegio de Escolapios de la ciudad de Albarracín, provincia de Teruel, del antiguo reino de Aragón. En este colegio estudió seis cursos de Matemáticas, uno de Mecánica y otro de Física; simultaneando con dos cursos de Filosofía, cuatro de Teología Dogmática y dos de Teología Moral. Estos estudios duraron hasta 1858, y una vez terminados, regresó a Valencia.

Fue ordenado Diácono por el Obispo de Segorbe en 16 de marzo de 1861, y Presbítero por el Arzobispo de Valencia en 15 de marzo de 1862.

En 1863 se marchó a Gibraltar y fue allí que se convirtió al protestantismo. En 1875, se trasladó a Madrid, donde propuso la adopción del rito episcopaliano. Ello provocó un cisma dentro de la Iglesia Protestante española que le llevó a fundar en 1880 la Iglesia Española Reformada Episcopal. Escribió entre otras obras La Iglesia en España hasta la invasión sarracena, El celibato forzoso del clero, Catecismo de doctrina y vida cristiana y Poesías religiosas y morales.

Hizo su contribución mayor en el área de la himnodia cristiana, ya que sus himnos han sido de bendición para un sin número de creyentes.

Algunas de sus obras: Fue el traductor de muchos himnos, tales como: Santo, Santo, Santo, Castillo Fuerte, Al trono majestuoso, Venid fieles todos, El Señor resucitó, A Jesucristo ven sin tardar, De la Iglesia el fundamento, Grato es decir la historia, Dulce Oración y Firmes y Adelante entre otros y escribió la letra de Nunca Dios mío, Suenen dulces himnos, Gloria a Dios en las Alturas, Amémonos, hermanos y Supremo Dios.

Selección de textos:

*"Gloria a Dios en las alturas
Que mostró su gran amor
Dando a humanas criaturas
Un potente Salvador.
Con los himnos de los santos
Hagan coros nuestros cantos
De alabanza y gratitud
Por la divinal salud
Y digamos a una voz
¡En los cielos gloria a Dios!..."*

*"Firmes y adelante,
huestes de la fe,
sin temor alguno,
que Jesús nos ve;
Jefe soberano,
Cristo al frente va,
y la regia enseña
tremolando está.
CORO: Firmes y adelante,
huestes de la fe.
Sin temor alguno,
que Jesús nos ve.
Muévase potente
la Iglesia de Dios,
de los ya gloriosos
marchamos en pos;
Somos solo un cuerpo,
y uno es el Señor,
una la esperanza,
y uno nuestro amor.
CORO: Tronos y coronas
pueden perecer;
de Jesús la iglesia
siempre habrá de ser;
Nada en contra suya
prevalecerá,
porque la promesa
nunca faltará".*

*Castillo fuerte es nuestro Dios,
defensa y buen escudo.
Con su poder nos librará
en todo trance agudo.
Con furia y con afán
acósanos Satán.
Por armas deja ver
astucia y gran poder;
cual él no hay en la tierra.*

*Nuestro valor es nada aquí,
con él todo es perdido.
Más con nosotros luchará
de Dios el escogido.
Es nuestro Rey Jesús,
el que venció en la Cruz,
Señor y Salvador,
y siendo el solo Dios,
él triunfa en la batalla.
Y si demonios mil están
prontos a devorarnos,
no temeremos, porque Dios
sabrá como ampararnos.
¡Que muestre su vigor
Satán y su furor!
Dañarnos no podrá
pues condenado es ya
por la Palabra Santa.*

San José María Rubio Peralta

Nace: 22 de julio de 1864 en Dalias (Almería).
Muere: 2 de mayo de 1929 en Aranjuez (Madrid).

Beatificación: 6 de octubre de 1985 en Ciudad del Vaticano por el Papa Juan Pablo II.

Canonización: 4 de mayo de 2003 en Madrid por el Papa Juan Pablo II.

Sus padres eran agricultores, son muy buenos cristianos y, cada noche, rezan el Rosario en familia.

José María frecuenta la iglesia desde muy pequeño y, cuando la encuentra cerrada, pide la llave al sacristán para poder rezar ante el Santísimo Sacramento, lo que revela en él un espíritu sobrenatural. Es muy afectuoso con los suyos y estudioso en la escuela. Después de sus estudios de filosofía y de teología en el seminario de Granada, José María es ordenado sacerdote en 1887. Nombrado primero vicario y después párroco, cumple además durante trece años con el oficio de capellán de las religiosas Bernardinas. En su apostolado sacerdotal, cuida de los enfermos y de los pobres, a los que instruye en las verdades de la fe. "Daba gusto oírlo", dirá un testigo. A través de su lenguaje sencillo, sin afectación, es Dios mismo quien pasa. En el confesionario, ofrece una dirección espiritual exigente, pero quienes recurren a su ayuda le son fieles más tarde, incluso si su dirección exige que abandonen los malos hábitos. Consigue que sus penitentes se comprometan a realizar los Ejercicios Espirituales de san Ignacio, los sumerge en lo sobrenatural enseñándoles a conversar con Dios en la meditación y en la oración, a realizar el examen de conciencia, a soportar por amor a Dios las dificultades de la vida.

El éxito de los sermones del padre Rubio es tal que incluso logra asombrar a sacerdotes y jesuitas. Las multitudes se acercan para oírlo. "Conseguía penetrar en los corazones como el filo de un cuchillo", se dirá de él más tarde. Sin embargo, humanamente hablando, el padre Rubio es un predicador sin talento y no hay nada extraordinario en su doctrina, en su estilo o en su elocución. Se expresa con una sencillez algo ingenua, como en una conversación privada, compartiendo con las almas su profunda vida interior.

Un día, hablando por ejemplo del deber de reparar las faltas cometidas, decía lo siguiente: "Queridos hermanos, ¿acaso hay una forma mejor de repararlas? Cumplid con vuestro deber. Vosotros, padres de familia, cumplid con vuestra hermosa misión. Vosotras, esposas que me estáis escuchando, cumplid cada una a la perfección con vuestro deber en la vocación en que os ha situado el Divino Corazón. El cumplimiento del deber exige sacrificio". Y, con su lenguaje sencillo y accesible a todos, no duda en afirmar que faltar gravemente a su deber de estado y rehusar el sacrificio es seguir el camino del Infierno; entonces resulta necesaria una conversión sincera para volver a tomar la senda del Cielo.

En sus sermones, el padre Rubio repite sin cesar las mismas cosas, pero las almas se dejan arrebatar siempre por el arrepentimiento y el amor. Les habla de los últimos momentos del hombre: de la muerte, del juicio final, del Cielo y el Infierno.

Mediante todas esas obras, el padre Rubio mantiene en sí mismo una intensa vida espiritual. En 1917, Dios le obliga a pasar por duras pruebas interiores y por crisis de escrúpulos, a lo que hay que añadir algunas persecuciones del exterior, pues algunos compañeros están en total desacuerdo con sus proyectos y con sus métodos, se burlan de sus obras y pretenden que quiere acapararlo todo. A pesar de aquellas humillaciones, él manifiesta una paciencia poco común y confiesa con sinceridad su insuficiencia: "No sé cómo me ve Dios. Seguro que mal, me temo. Rezad por mí. Camino lleno de confusión al ver el estado de mi alma. Mis amigos conseguirán que Jesús tenga misericordia de mí". No obstante, según él, hay que saber aprovechar los defectos y las imperfecciones de cada uno para perseverar en la humildad, y él mismo sigue los consejos de sus superiores, de sus iguales y de sus inferiores.

Desde su juventud, durante la cual tuvo que tomarse un año de descanso, el padre Rubio nunca se había cuidado, fatigándose incluso en exceso. Un día, el médico le diagnostica una angina de pecho. Su superior decide enviarlo a descansar al noviciado de Aranjuez, pero el padre Rubio no se hace ilusiones: "Me voy a Aranjuez para morir". Sin otra cosa más que su crucifijo y dos diarios personales, sube al automóvil que le han procurado dos de sus hijas espirituales, quienes se lamentan de verlo partir: Ya no me necesitáis -les dice-. Sabéis cuál es el camino que conduce al Cielo y es lo único que os falta por hacer.

"Estoy aquí para arreglar mis asuntos con Dios y para descansar", dice al llegar a Aranjuez. El 2 de mayo de 1929, víspera del primer viernes de mes, dice a su superior: "Padre, ¡qué día tan bueno el de mañana para subir al Cielo desde hoy!". Desde su ordenación sacerdotal, 41 años antes, había repetido sin cesar su deseo de morir un primer jueves de mes, para celebrar mejor en el Cielo el primer viernes. Hacia las seis de la tarde se siente muy mal. Recibe inmediatamente los últimos sacramentos. Poco después expira, dejando su cuerpo en la tierra, mientras su alma entra en la indecible felicidad del Cielo.

Al proclamar Beato al padre José María Rubio, el 6 de octubre de 1983, el Papa Juan Pablo II lo presentó como a un "verdadero otro Jesucristo".

Selección de textos:

Hacer lo que Dios quiere; querer lo que Dios hace.

Mi deseo es santificarme dónde y como el Señor disponga, y eso queréis también nuestra madre y vosotros. Por mi parte, estoy dispuesto a lo que él quiera de mí y nada más. Si me quiere en Madrid, bien; y si me quiere a vuestro lado, muy bien; y si me quisiera de otro modo de vida más perfecto y más seguro, pues muy bien.

Lo mejor, lo más provechoso, lo más consolador será lo que Dios quiera, y a la hora de la muerte el mayor consuelo vuestro y mío será el pensamiento de haber cumplido la voluntad santísima de Dios.

Yo no me muevo sino por cumplir lo que sea gusto de Dios.

La verdadera unión se puede muy bien alcanzar con el favor de Nuestro Señor, si nosotros nos esforzamos en procurarla. Con no tener voluntad, sino atada con lo que fuere la voluntad de Dios.

Contemplad la humanidad santa de Jesucristo y, mediante ella, subid a la divinidad. Meditad las virtudes de Jesucristo y desead practicarlas; y no sólo esto, sino trabajad para conseguirlas. Habréis vaciado primero el corazón y después os habréis llenado de Dios, y Dios obrará en vosotros maravillas.

¿Cómo vamos a poder pensar en otra cosa si, aunque no queramos, tropezaremos con Él en todo? ¿No ve que lo llena todo y en todo está trabajando por usted y por mí?

Vivir la presencia de Dios como lámpara encendida.

No fuerce la máquina. No admite violencias esta práctica (la de la oración) toda sobrenatural. Ha de ser obra de la Gracia.

Te encargo que siempre tengas como base de tu conducta el cumplir fielmente la ley de Dios y los mandamientos de la Santa Iglesia nuestra madre. Procura que en tu casa se rece en familia y que tus hijos vean a sus padres practicar la religión, no a medias, sino en todas las cosas. Es la mejor herencia que puedes dejarles. De todo lo mucho que nosotros debemos a nuestros padres, cuya vida conserve el Señor muchos años, el mayor beneficio ha sido educarnos cristianamente y Dios les premiará este bien que nos han hecho. Procurad rezar el Rosario a la Virgen y no olvides que quien a Dios tiene nada le falta, sin hacer caso de cómo piensan otros, pues bien sabes que hay muchas cabezas destornilladas.

Éste es el camino en las horas amargas. ¿Qué hace el Divino Corazón en su aflicción y amargura? Retirarse a orar. Y añade: Quedaos aquí vosotros y procurad orar conmigo, no os durmáis, estad vigilantes y haced oración aquí, como yo voy a hacerla en mayor soledad y recogimiento.

Al final de la vida nos queda la santidad.

San Pedro Poveda

Nace: 3 de diciembre de 1874 en Linares (Jaén).
Muere: 28 de julio de 1936 en Madrid.

Ya de niño sintió atracción por el sacerdocio. Ingresó en el seminario de Jaén y concluyó los estudios en el de Guadix, diócesis en la que recibió el presbiterado en 1897. Comenzó su ministerio en el Seminario y en la atención pastoral a los que vivían en las cuevas que rodeaban la población, creando una escuela para ellos. Nombrado canónigo de Covadonga se ocupó de la formación cristiana de los peregrinos y comenzó a escribir libros sobre educación y la relación entre la fe y la ciencia.

A partir de 1911, con unas jóvenes colaboradoras, comenzó la fundación de Academias y Centros pedagógicos que darían inicio a la Institución Teresiana. Se trasladó a Jaén para consolidar la misma Institución que recibiría allí la aprobación diocesana y después, estando él ya en Madrid como capellán real, la aprobación pontificia.

Poveda quiere mostrar la viabilidad de ser cristiano y científico. Quiere personas de ciencia que sepan dar razón de su fe, y llevar una vida de compromiso en su profesión. Y quiere personas de fe, competentes y lúcidas en el trabajo científico que realizan.

El diálogo de la fe con la cultura/s contemporánea/s es un diamante con multitud de caras. Dialogar supone estar permanentemente a la escucha de las necesidades que el desarrollo de la vida y de la dignidad humana requieren. Supone mostrar con la vida que la ciencia que hacemos hermana bien con una vida que genera esperanza y abre vías de solidaridad, haciendo así asequible y amable el mensaje de Jesús y su oferta de vida.

Sacerdote prudente y audaz, pacífico y abierto al diálogo. El 27 de julio de 1936 es detenido en su casa de Madrid. Muere mártir, como sacerdote de Jesucristo, entregó su vida por causa de la fe en la madrugada del 28 de julio de 1936, identificándose: "Soy sacerdote de Cristo" ante quienes le conducirían al martirio.

Fue beatificado por Su Santidad el 10 de octubre de 1993. Canonizado por el Papa Juan Pablo II el 4 de mayo, 2003.

Selección de textos:

La muerte no puede romper nada esencial.

Estudia mucho para conocer lo que Dios quiere de ti y ejecútalo sin demora.

No consiste la perfección en ser siempre y en toda circunstancia de una misma manera, sino ser, en cada caso, como la razón, ordenada y regida por la ley divina, pide que seamos.

Si quieres saber cómo vas, mira bien a Jesucristo y después compara.

Pon al servicio de Dios tus pasiones, tu carácter, tu modo de ser y todas tus cosas, y así serás santo.

Deja que los demás sean como fueren, pero tú sé como Dios quiere que seas. Si nosotros sabemos respetarnos, también nos respetaran los demás.

No exijas del prójimo lo que tú eres incapaz de practicar. No te quejes del prójimo si no está presente. El mayor ejercicio de paciencia consiste en soportarnos a nosotros mismos Estima la justicia tanto como la vida No te guíes por simpatías si has de resolver en justicia No escatimes los aplausos cuando sean justos.

Como los primeros cristianos, seamos sal y luz en medio de las gentes.

Cristo es para nosotros camino, verdad y vida. Camino por donde hemos de ir al Padre, camino único, fuera del cual no podemos caminar. Llegar al término, sin pasar por el camino, es imposible. Cristo es la verdad. Verdad sustancial, increada, eterna. Conociendo a Cristo se conoce toda la verdad, se está libre de todo error, de toda ilusión, se saben apreciar las cosas según lo que valen. Cristo es vida. En Él está la vida, separados de Él no podemos tenerla, cuando nos falta Cristo estamos muertos. Esta vida no es como la del mundo, caduca y transitoria; es eterna.

Habéis de trabajar, orar, sufrir, como si todo el fruto dependiera de vuestro esfuerzo, pero persuadidos de que ni el que planta es algo, ni el que riega; que nada podréis por vosotros mismos; que Dios es el que da el fruto. A Él habéis de encaminar toda la Gloria, a Él debéis referirlo todo, de Él debéis esperarlo todo. Lejos de vosotros la vanidad, la presunción y hasta la satisfacción, si veis el fruto. Mirad que todo es de Dios; temed arrebatarle la Gloria que le pertenece. Tened sólo un anhelo; que toda la Gloria sea para el Señor, cuyo es el fruto, cuya es la virtud, la potencia, la eficacia.

Así ha de ser vuestra vida: toda de Dios. Pero siendo de Dios toda, ha de distinguirse por su carácter eminentemente humano, el cual, informado por una vida toda de Dios, se perfecciona, pero no se desnaturaliza. Vida henchida de Dios. Sí; del Dios que hizo lo humano para perfeccionarlo y no para destruirlo. Yo quiero, sí, vidas humanas; pero como entiendo que estas vidas no podrán ser cual las deseamos si no son vidas de Dios, pretendo comenzar por henchir de Dios a los que han de vivir una verdadera vida humana.

Los hombres y las mujeres de Dios son inconfundibles. No se distinguen porque sean brillantes, ni porque deslumbren, ni por su fortaleza humana, sino por los frutos santos, por aquello que sentían los Apóstoles en el camino de Emaús cuando iban en compañía de Cristo resucitado a quien no conocían, pero sentían los efectos de su presencia.

San José maría Escrivá De Balaguer

Nace: 9 de enero de 1902 en Barbastro (Huesca).
Muere: 26 de junio de 1975 en Roma.

Abogado y sacerdote español fundador del Opus Dei (1928) y santo de la Iglesia Católica.

Ha sido, ante todo, un sacerdote y un maestro singular de una espiritualidad cuyo núcleo es la afirmación de la llamada universal a la santidad, del valor cristiano del trabajo y de las realidades terrenas. El carisma recibido por San José María se encaminaba no solo a la predicación de un mensaje, sino también a la creación de una institución que lo perpetuase en el tiempo.

Cuando San José María comenzó a predicar, la doctrina de la llamada universal a la santidad, que hoy es considerada el elemento más característico del entero magisterio conciliar, fue percibida como una gran novedad, que no encontraba en la Teología ni en el Derecho Canónico del momento los desarrollos y los cauces oportunos para su reconocimiento. Tuvo, por tanto, que elaborar toda una doctrina teológica, pastoral y jurídica. Desde el 2 de octubre de 1928, hasta su fallecimiento el 26 de junio de 1975 se dedicó con todas sus energías a difundir la conciencia de la llamada a la santidad que Dios ha dirigido a todos los hombres. Ningún aspecto de la existencia de José María se desarrolló al margen de esta misión.

El cristianismo colocó la perfección del hombre en el vivir en comunión con Dios como hijos suyos en Cristo. Al mismo tiempo no se limitó a indicar el camino para conseguir esa felicidad suprema, sino que ofreció también los medios para lograrla. En efecto, la gracia al operar la regeneración de la naturaleza humana deteriorada por el pecado, rescata la libertad de la esclavitud en la que se encontraba, liberándola de la dificultad insuperable para elegir libremente la verdad sobre el bien afirmado con el juicio de la razón.

En base a esta visión del hombre, el cristianismo ha elaborado una doctrina de la educación que tiene como fin la perfección de la persona humana como tal en todas sus dimensiones, y que entiende la acción educativa como colaboración con la gracia y la libertad del individuo para reconstruir a la persona en su verdad. En la pedagogía cristiana, la acción educativa alcanza su sentido más acabado cuando se configura como ayuda para que cualquier hombre o mujer aprenda a vivir como hijo de Dios, imitando al hombre perfecto, que es Cristo, con las posibilidades y deficiencias de cada uno.

Bajo esta perspectiva, no cabe duda que José María ha sido un gran pedagogo, un pastor lleno de celo que ha guiado a miles de personas a vivir en plenitud esa llamada a la identificación con Cristo en la que consiste sustancialmente la vocación cristiana.

Su obra de educador está, por tanto, en las decenas de miles de personas que en todo el mundo se dicen y son sus hijos, en los miles de profesionales que ha llevado al sacerdocio, en los millones de personas de las más diversas situaciones que han recibido y siguen recibiendo estímulo de sus palabras y de sus escritos, en quienes, movidos y atraídos por su ideal de servicio, han orientado su vida profesional dentro del ámbito de la educación. El alcance de su influjo educativo está presente también en tantos colegios, universidades, centros de formación profesional, actividades y programas de orientación familiar, resultado del tesón de padres y madres de familia, fieles de la Prelatura o sin vinculación alguna con ella inspirados en el ideal cristiano de formación.

Todo esto no significa, por otra parte, que en San José María no exista un cuerpo de enseñanzas sobre la educación, ni que las labores educativas promovidas con el impulso de su espíritu carezcan de características comunes. Quienes le han conocido, o quienes se acercan a algunas de las numerosas iniciativas de formación animadas por su espíritu, advierten —dentro de una grandísima variedad— una fisonomía peculiar. Entre otros aspectos, ese perfil educativo se manifiesta en el empeño que ponen quienes ahí trabajan en el cultivo de las virtudes humanas y en ofrecer una enseñanza o formación de calidad. Se distinguen también por el modo como se procura fomentar el amor al trabajo bien hecho y el cuidado de los detalles materiales. En esos centros, la educación de la libertad y, consiguientemente de la responsabilidad personal, asume un lugar central. Y, en todos ellos, se refleja el esfuerzo para que en todas las relaciones domine un tono optimista y se cree un ambiente de confianza, convivencia y amistad. Se intenta también que la identidad cristiana y el afán de servicio señalen todas las actividades que allí se realizan. Finalmente, la consideración teórica y operativa de los padres como primeros y principales educadores de los hijos, es otra característica claramente presente en todas estas iniciativas.

A los modos usuales de la predicación, en el caso del Fundador del Opus Dei se une otro, que en su actividad sacerdotal y espiritual tuvo gran importancia: las reuniones de carácter familiar y amigable ("tertulias"), a veces multitudinarias en las que salían a relucir temas muy diversos. Están muy presentes también en su acción educativa los medios más variados de comunicación oral personal: la conversación con el consejo animante, la advertencia, la indicación precisa o la corrección; la charla de dirección espiritual, etc.

Además, quienes han tenido la dicha de conocerle, lo que suelen recordar con mayor fuerza, no es tanto lo que ha podido decir sobre esos temas, sino el ejemplo de su propia vida personal, convertida por entero en una grandiosa, multiforme y constante actividad educadora; lo que aparece quizá con más relieve es el hecho de que ha sido un educador excepcional, que ha consumido toda su vida en una tarea apasionada de dar sin cesar doctrina con su ejemplo y con su palabra.

Algunas de sus obras:Camino (1939). Es Cristo que pasa (1973). Amigos de Dios (1977).

Selección de textos:

El matrimonio es una vocación divina.

La oración del cristiano nunca es monólogo.

Todo lo que ahora te preocupa cabe dentro de una sonrisa.

Las almas grandes tienen muy en cuenta las cosas pequeñas.

Los enamorados no saben decirse adiós: se acompañan siempre.

La resistencia de una cadena se mide por su eslabón más débil.

Para acabar las cosas, hay que empezar a hacerlas.

No te esfuerces, ni te preocupes. Óyeme bien: es la hora del corazón.

Ser fiel a Dios exige lucha. Y lucha cuerpo a cuerpo, hombre a hombre.

La verdadera virtud no es triste y antipática, sino amablemente alegre.

Contigo, Jesús, ¡qué placentero es el dolor y qué luminosa la oscuridad!

El pedante interpreta como ignorancia la sencillez y la humildad del docto.

Cuando el que manda es negativo y desconfiado, fácilmente cae en la tiranía.

Fe, alegría, optimismo. Pero no la sandez de cerrar los ojos a la realidad.

A ese Dios invisible, lo encontramos en las cosas más visibles y materiales.

La oración es el cimiento del edificio espiritual. La oración es omnipotente.

¿Viste cómo alzaron aquel edificio de grandeza imponente? ¡A fuerza de cosas pequeñas!

Cada vez estoy más persuadido: la felicidad del Cielo es para los que saben ser felices en la tierra.

No te desalientes. Te he visto luchar... Tu derrota de hoy es entrenamiento para la victoria definitiva.

Que tu vida no sea una vida estéril. Sé útil. Deja poso. Ilumina, con la luminaria de tu fe y de tu amor.

¡Ahora! Vuelve a tu vida noble ahora. No te dejes engañar: ahora no es demasiado pronto... Ni demasiado tarde.

La castidad, la de cada uno en su estado: soltero, casado, viudo, sacerdote, es una triunfante afirmación del amor.

Cuando percibas los aplausos del triunfo, que suenen también en tus oídos las risas que provocaste con tus fracasos.

¡No me seas comodón! No esperes el año nuevo para tomar resoluciones: todos los días son buenos para las decisiones buenas.

El trabajo es la vocación inicial del hombre, es una bendición de Dios, y se equivocan lamentablemente quienes lo consideran un castigo.

El mejor espíritu de sacrificio es la perseverancia en el trabajo comenzado: cuando se hace con ilusión, y cuando resulta cuesta arriba.

Serenidad. ¿Por qué has de enfadarte si enfadándote ofendes a Dios, molestas al prójimo, pasas tú mismo un mal rato?... Y te has de desen-

fadar al fin

El cristiano debe amar a los demás, y por tanto, respetar las opiniones contrarias a las suyas, y convivir con plena fraternidad con quienes piensan de otro modo.

En la línea del horizonte, hijos míos, parecen unirse el cielo y la tierra. Pero no, donde de verdad se juntan es en vuestros corazones, cuando vivís santamente la vida ordinaria.

No olvides que, en los asuntos humanos, también los otros pueden tener razón: ven la misma cuestión que tú, pero desde distinto punto de vista, con otra luz, con otra sombra, con otro contorno.

Son santos los que luchan hasta el final de su vida: los que siempre se saben levantar después de cada tropiezo, de cada caída, para proseguir valientemente el camino con humildad, con amor, con esperanza.

Enrique Miret Magdalena

Nace: 12 de enero de 1914 en Zaragoza.
Muere: 12 de octubre de 2009 en Madrid.

Químico y teólogo español especializado en ética y sociología de la religión. Enrique Miret Magdalena presidió la Asociación de Teólogos Juan XXIII. Ensayista y teólogo, referencia de los católicos de izquierdas desde los lejanos tiempos de la revista Triunfo.

Fue un católico libre, uno de los grandes teólogos seglares de antes y después del Concilio Vaticano II en España, un intelectual de raza.

¿Qué nos falta para ser felices?, se preguntó en uno de sus últimos libros Enrique Miret. Los filósofos llevan siglos preguntándose qué será la felicidad. No pocos sostienen, incluso, que ni siquiera la felicidad hace feliz al hombre que cree poseerla. Miret, inagotable polígrafo, tanteó múltiples respuestas, con sabrosas referencias a los más grandes humanistas de la historia. Era un sabio. Finalmente, dejó abierta la puerta a todas las respuestas. Sólo descartó que la felicidad se halle escondida detrás de la moral de los inmorales, bajo la teología de los que dibujan a Dios violento e intransigente -Dios es bello y Cristo, alegre, según Miret-, o entre los hombres cabreados que han gobernado el mundo en tantas épocas de la historia.

Para Miret, la felicidad, como la risa, es contagiosa: "Un modo seguro de hacernos la vida agradable es hacérsela a los demás. En definitiva, ser moral para ser feliz".

Miret se hacía llamar "teólogo seglar". Así se hacía constar Miret al pie de sus escritos. También fue el único laico de los cinco presidentes que ha tenido la influyente Asociación Juan XXIII.

El alejamiento de la jerga eclesiástica se percibe en su larga bibliografía, que suma una veintena de libros. Que su lenguaje fuese civil no significa que no fuera profundo. Destacó por enfoques de gran pluralidad religiosa, sin dejar de ser profundamente católico. En una España de religión única, la católica, Miret sobresalió por su apertura hacia otras confesiones y movimientos espirituales, hasta entonces severamente perseguidos. Su sabio ecumenismo se adelantó a la Declaración sobre Libertad Religiosa del Concilio Vaticano II.

Uno de los libros de Miret se titula Cómo ser mayor sin hacerse viejo. ¿Cómo? Estuvo siempre tan ocupado que la muerte no le encontró hasta cumplidos con creces los 95 años. Tuvo una vida intensa, desde que sobrevivió a la guerra de 1936 refugiado en la embajada de Paraguay. Pensaba hacerse jesuita. Acabó siendo doctor en Químicas y profesor de Ética. Además, fundó y gestionó una empresa, fue presidente de la Confederación de la Pequeña y Mediana Empresa, COPYME, y era presidente de honor de Mensajeros de la Paz, del entrañable Padre Ángel. En diciembre de 1982 fue nombrado por Felipe González director general de Protección de Menores. Ocupó el cargo cuatro años.

"¿Por qué somos tantos los que queremos a Enrique?", se preguntó su ministro entonces, Fernando Ledesma, en una celebración del 90 cumpleaños de Miret.

Selección de textos:

Siente, no seas una máquina de pensar.

Un cristiano nunca puede juzgar lo interno de nadie. Como cualquier ser humano, un cristiano es un buscador de la verdad.

Los intelectuales, religiosos o no, han casi desaparecido, porque la educación recibida por los jóvenes no enseña a pensar.

No tiene definición. Sólo podemos saber lo que no es Dios. La mayor parte de las cosas que se dicen de Él están equivocadas.

Sólo cuando va uno haciéndose mayor se piensa en la muerte. Todos nos preguntamos entonces: ¿Habrá otra vida después de morir?

La Iglesia institución creo que a veces se olvida de aquella indicación que hizo Jesús de que había que mirar a los signos de los tiempos.

Somos seres limitados y resultamos nada más que buscadores de la verdad, pero no plenos poseedores de ella, sea en religión o en otras materias.

Como cristiano que soy, creo en la Resurrección, me la figuro no como una separación de alma y cuerpo, sino como una apertura a vivir en contacto con el cosmos, disfrutando de todo lo positivo que hay en él.

Lo que tenemos que hacer es crear un mundo mejor, sin lamentarse de lo que pasó. Los recuerdos sólo me sirven para no repetir el mal hecho, no quiero perder el tiempo en repetir lo que ya pasó, sin fijarme en el futuro que está en mi mano.

La sociedad española se ha alejado de la Iglesia Católica, desde luego, pero también de la religión, que se entendía aquí de una manera un tanto especial. Parece que hay bastante gente agnóstica, no atea, que no cree en muchas de las cosas que se han dicho en nuestros catecismos, e incluso en libros de Teología. No es que estén en contra de la religión en sí, sino en contra de la que se ha vivido aquí y que parece que es la única que ha existido.

¿Ese alejamiento se ha debido a que el catolicismo del franquismo era falso, a la secularización que también se ha dado en Europa o a que los católicos se han visto decepcionados por algunas actitudes de la jerarquía eclesial?

La Iglesia católica tiene una estructura y unas enseñanzas que se han desviado de lo que dice la cultura actual y que además no saben que el núcleo del cristianismo tiene diferentes maneras de entenderse según esas culturas y el desarrollo de la civilización. Yo diría que a veces hay que tener algo de cuidado, porque este progresismo que tenemos hoy día en el mundo católico es un poco superficial. Lo importante es que siguiéramos las enseñanzas de los grandes pensadores de nuestro siglo XVI, en los que encontraríamos una apertura y un sentido crítico muy importantes. Es curioso que en los primeros siglos de la Iglesia había una homilía dialogada: el cura decía cosas y la gente se mostraba a favor o en contra. Sería importante que este diálogo, como dijo Pablo VI, entrara en la Iglesia. No sé si de esta forma o de otras, pero el seglar tiene que aparecer con una postura de mucho más respeto. A veces la moral está hecha por personas que no viven en las circunstancias en las que vive el seglar.

Es curioso cómo un hombre bastante conservador pero muy inteligente, Julián Marías, hablaba, dentro del respeto que él tenía hacia la jerarquía, de estas cosas a las que me refiero: de que no sabe ponerse al día, de que la liturgia tampoco lo está y se ha transformado en algo banal.

A mí me parece que la Conferencia Episcopal debería hablar menos y dejar que habláramos nosotros, los seglares. Un periodista italiano estudió hace años los documentos de la Iglesia y descubrió que en el siglo XX hubo más textos que en los 19 siglos anteriores. Yo propondría siete años de silencio de la jerarquía para que habláramos nosotros.

Claro, porque el problema está en los teólogos que son sacerdotes y actúan dentro de la Iglesia: deben tener cuidado con lo que dicen porque si no la jerarquía levanta su palo contra ellos, les quita su puesto y no pueden ni siquiera vivir. Así que deben ir trampeando. Algo que no está en consonancia con la libertad que todos debemos tener.

Si miramos la historia del catolicismo nos quedaríamos sorprendidos de los cambios. Hay muchas maneras de vivir la Iglesia. Insisto en que tiene que ponerse al día para que la gente comprenda el mensaje cristiano y lo aplique a su propia vida. Que la gente sea responsable sin esperar a lo que dice la autoridad para seguirlo ciegamente.

Hay cosas en la Iglesia que deberían saberse, porque son muy importantes. Le voy a contar una cosa. En las catedrales antiguas está el coro, y en los asientos tienen una parte delantera con bajorrelieves. En ellos es frecuente ver una cosa sorprendente: se habla del Cielo y del Infierno, y en la talla que se hace del Infierno no es extraño ver que hay algunos obispos. En la Edad Media era normal, y ahora te metes con el obispo y has caído en lo más bajo de la consideración que tiene la jerarquía.

Lo que debe haber es una enseñanza moral, como decían nuestros pensadores cristianos antes; que sea una moral para todos. Otra cosa, como en su momento se pensó y luego no se hizo porque lo rechazó la Conferencia Episcopal de entonces, es que se estudiase la asignatura de Historia Cultural de las Religiones. Las religiones han tenido un enorme peso en el arte, la literatura y el pensamiento, y si no sabemos lo que son esas religiones, cómo vamos a entender el arte tan extraordinario de otros tiempos.

Yo me considero católico, pero del pensamiento de los grandes hombres del siglo XVI. Mi pensamiento no ha sido fruto del progresismo actual, sino de aquellos autores. No creo en un catolicismo cerrado, sino en uno abierto, donde se puede opinar con libertad, donde hay distintas posturas que se pueden discutir.

Hay que respetar cada religión, siempre que ella respete los derechos humanos básicos. Lo primero es respetar estos derechos, y después que cada uno plantee sus ideas o creencias.

EL PAPEL CENTRAL DE LOS JÓVENES EN LA REALIZACIÓN DEL AMOR VERDADERO

Noviembre 28, 1997
Hotel Hyatt Regency, Washington, DC, EEUU
Tercer Congreso Mundial de la Federación de Jóvenes por la Paz Mundial

Estimado Presidente de la Federación de Jóvenes por la Paz Mundial, honorable Co-Presidente Richard Rubenstein, invitados procedentes de todas partes del mundo, y señoras y caballeros:

Estoy verdaderamente contento de poder celebrar el Tercer Congreso Mundial de la Federación de Jóvenes por la Paz Mundial en Washington DC, la capital de los Estados Unidos, junto con representantes de más de 130 países. Es particularmente significativo que este encuentro forme parte del tercer Festival Mundial de Cultura y el Deporte, de la que es parte central la Ceremonia de Bendición de 3.6 millones de parejas.

Esto es en parte debido a que vosotros, hombres y mujeres de corazón puro de todo el mundo, trascendiendo barreras de raza, religión y nacionalidad, habéis sido escogidos para formar el pilar principal de la ceremonia de Bendición. Además es porque, en última instancia, los jóvenes sois los que debéis poner en práctica el contenido de todas las conferencias que han tenido lugar durante este festival en preparación para el siglo XXI. Me gustaría expresar mi más cordial agradecimiento y felicitaciones a los miembros de la Federación de Jóvenes por la Paz Mundial por dedicar vuestro corazón y alma en todas las áreas y niveles de la sociedad para el cumplimiento de la paz mundial, así como por las contribuciones que habéis hecho para ese fin.

Me gustaría en particular dar gracias al Cielo y alabaros por el hecho de que vuestras actividades, junto con la Asociación Colegiada Mundial por la Investigación de Principios, la Federación Mundial por la Paz Mundial, la Federación de Familias por la Paz y la Unificación Mundial, y otras organizaciones, han proporcionado un fundamento para la realización mundial del ideal de la verdadera familia. Estas actividades han llevado al sorprendente resultado de haber superado la meta original de la Bendición de 3.6 millones de parejas multiplicadas por diez, es decir, 36 millones de parejas, y hemos superado este número en varios millones de parejas. Espero que vosotros, miembros de la FJPM, trabajéis incluso con más entusiasmo para apoyar desde la primera línea el evento de la Bendición en su expansión en el futuro a 360 millones de parejas.

Los jóvenes son las figuras centrales en el periodo de transición de la historia

Hoy nos encontramos en el umbral del XXI. En muchas partes del mundo ya han empezado la cuenta atrás para las celebraciones que marcarán el comienzo del siglo XXI. Al esperar el nuevo siglo, sus corazones se llenan con ferviente esperanza de que este sea un tiempo para un mundo nuevo, que sea mejor de lo que la humanidad haya experimentado en el pasado, un mundo en el cual seamos capaces de establecer los nuevos valores del verdadero amor absoluto de Dios para la familia.

En la historia del mundo, el fuerte deseo de la humanidad por el ideal del verdadero amor ha sido la fuerza motivadora para el cambio. Porque vosotros, los jóvenes perseguís el noble ideal de establecer una verdadera familia y poseéis una mayor capacidad para realizar este ideal mejor que nadie, vosotros sois indudablemente los iniciadores y principales actores en este tiempo del mayor cambio histórico. Por esta razón, vosotros sois los símbolos de la esperanza para la gente, quienes están abriendo la puerta del nuevo siglo con el ferviente deseo que les dirigirá al establecimiento de nuevas familias ideales.

Durante el curso de la historia, ha habido muchas trabajos literarios y recopilación de informes alabando a los jóvenes, sus roles y sus especiales características. Yo pienso, sin embargo, que los roles y responsabilidades de la gente joven en la familia, nación y mundo han sido raramente de una importancia tan fundamental como lo son hoy en día, más notablemente en términos de una revolución para crear familias ideales. Así pues, pienso que es muy oportuno y apropiado que el debate de esta conferencia se vaya a enfocar en el tema, "Juventud por la Familia Verdadera, Nación y Mundo".

Hoy, las familias, naciones, e incluso el mundo están enfrentándose a serios dilemas. Cuanto más desarrollo alcanzan la industria y la tecnología alrededor del mundo y más comodidades disfruta la gente, más se deteriora la institución de la familia que es la base de nuestras vidas.

De acuerdo a los datos de la oficina del Censo de los Estados Unidos, la tasa de divorcio en los Estados Unidos se triplicó entre 1970 y 1990, hasta el punto de que cada año una pareja de cada seis se divorcia. Por todos los Estados Unidos, el 30% de los niños crecen en familias monoparentales. Además, vemos que el decadente fenómeno de los matrimonios entre personas del mismo sexo es cada vez más frecuente.

Hay informes que dicen que más del 40% de chicas americanas de edades comprendidas entre los 14 y 19 años son sexualmente activas. Es chocante ver que la tasa de suicidio entre los jóvenes se ha incrementado en un 300%

durante los pasados 30 años. La ruptura de la familia es citada como el problema más crítico al que se enfrenta la sociedad moderna. A nivel nacional, además, vemos los límites del poder político en frente de las drogas, violencia, SIDA, desequilibrios económicos crónicos y otros problemas sociales que se van acumulando en todas partes.

El mundo de hoy continúa agonizando sobre los problemas que afectan a toda la humanidad, tales como la amenaza de guerra y terrorismo, discordia entre razas, antagonismos entre grupos religiosos y destrucción del medioambiente. No podemos ignorar la continua realidad de que muchas regiones del mundo son afligidas con el hambre y la enfermedad. Si evaluamos estas realidades, como resultado de todas las ideas y actividades de la humanidad durante los pasados veinte siglos, la nota sería un suspenso. En consecuencia todas las familias, naciones y el mundo entero están buscando cambios urgentemente.

Al entrar en un nuevo siglo, es imperativo que demos prioridad al desarrollo de una conciencia de nuestra responsabilidad en traer cambios en la familia, nación y mundo. Nuestra tarea es establecer para los jóvenes, verdaderas familias y verdaderas naciones, para poder aprovechar los vientos de cambio para la creación de un mundo verdadero. Miembros de la Federación de Jóvenes para la Paz Mundial, ¿cuál es el medio por el que podemos renovarnos, nuestras familias, nuestras naciones y nuestro mundo y cambiar el curso de la historia?

Al encontrarnos en el umbral del siglo XXI, la filosofía de construir una verdadera familia, verdadera nación y verdadero mundo se está abriendo a un nuevo horizonte histórico, como el principio fundamental para la paz mundial. El Rev. Moon ha estado enseñando y ejemplificando esta filosofía.

El primer paso hacia el verdadero amor es la verdadera familia

Originalmente, el ideal de Dios para la creación surgió como el verdadero amor sacrificial que es capaz de dar y olvidar y seguir dando y olvidando de nuevo. Todo el esfuerzo creador de Dios es sacrificial, ya que implica la inversión de su propio poder. Debido a que la inversión está motivada por el poder del amor, ésta retorna a Dios en forma de alegría, que es decenas de miles de veces mayor.

Si los padres, motivados por el verdadero amor, invierten y se sacrifican infinitamente por sus hijos, luego los hijos sentirán infinita gratitud por haber recibido este verdadero amor y los padres experimentarán inmensa alegría a cambio de su sacrificio. De este modo, el poder del verdadero amor sacrificial inicia el dar y recibir que establece una relación eterna de alegría y paz en la verdadera familia, verdadera nación y verdadero mundo. Es de este modo que se manifiesta el mundo ideal de vida eterna.

Por otro lado, la familia, la nación o el mundo que carecen de tal amor verdadero no son nada más que una cáscara vacía, que degenerará y alimentará desconfianza, animosidad e inmoralidad. Es en la familia donde nuestro verdadero amor puro crece y se perfecciona. La verdadera familia es la etapa inicial en la que los diferentes tipos de amor, entre verdaderos padres, verdaderos maridos y esposas, verdaderos hijos y verdaderos hermanos y hermanas, se ponen en práctica y crecen juntos para alcanzar su realización.

La verdadera familia es el núcleo fundamental de un mundo pacífico, por ello es aquí que aprendemos sobre el verdadero amor de Dios a través del amor de verdaderos padres. También, es aquí donde, a través del verdadero amor de verdaderos hermanos y hermanas, recibimos entrenamiento para adquirir un amor universal para la verdadera nación, verdadero mundo y toda la humanidad.

Además, la verdadera familia es la unidad básica que une la historia. A través del verdadero amor siendo transmitido de padre a hijo, las generaciones del pasado, presente y futuro son conectadas a través de un sistema de valores coherente.

Al igual que no podemos esperar que una tierra infértil pueda dar abundante fruto, no podemos esperar que una familia que ha sido destruida pueda dar lugar a una persona que actúe adecuadamente en la sociedad y en el mundo. En consecuencia, cada uno de vosotros, jóvenes, en esta época tenéis primero que llegar a convertiros en la personificación del verdadero amor y los actores principales para construir el fundamento para una cultura y tradición de una verdadera familia.

Más allá de la verdadera familia, es en el contexto de una nación en que los jóvenes pueden poner en práctica sus ideales y energías. Por esta razón, la fuerza de un país debe ser medida, no basada en su política, poder militar o su influencia cultural, sino a través del temperamento de los jóvenes de este país y su sentido de lealtad patriótica. Los jóvenes son los brotes, y si los brotes se marchitan el árbol no tendrá futuro. No obstante, ¿cuál es la realidad actual de los jóvenes alrededor del mundo?

Los problemas fundamentales que afrontan todos los países son aquellos relacionados con la gente joven. Los problemas políticos, económicos, sociales y ambientales pueden ser resueltos a través de medios tales como mejoras institucionales y fondos gubernamentales. Leyes, poder militar y fuerza económica, sin embargo, no pueden resolver los problemas de la juventud. Estos problemas no pueden ser resueltos por coacción. El único camino es que los jóvenes se responsabilicen por ellos mismos. Para que esto ocurra, deben llevar vidas sacrificiales y convertirse en manifestaciones del verdadero amor, estableciendo de este modo sus posiciones como maestros del verdadero amor.

El verdadero amor es el punto de comienzo de todos los ideales y su práctica continuará eternamente. Servirá a los jóvenes como una fuerza más poderosa que la vida misma. Cuando los jóvenes adquieran una nueva perspectiva sobre su país guiada por el verdadero amor, entonces este país descubrirá nuevas posibilidades para avanzar. Cuando diversos grupos en esta nación adopten una actitud basada en el verdadero amor, serán capaces de elevarse por encima de los confines de sus intereses competitivos y se establecerá una sociedad de cooperación, armonía y progreso.

El verdadero amor es el centro

La fuerza primaria que hace avanzar a un país nace del amor verdadero en forma de lealtad sacrificial y patriótica. Entre los numerosos héroes nacionales a quienes respetamos hoy, no hay ni ninguno que no haya ejemplarizado una vida de sacrificio patriótico enraizado en el verdadero amor.

Además, en el mundo de hoy, aparecen muchos retos producidos por las diferencias debidas a la región, raza, religión, cultura, costumbres, lenguaje y ciudadanía que hemos de superar para conseguir un mundo unido de paz. Si viéramos el mundo desde la perspectiva del Creador de todas las cosas en el universo, es decir, a través de los ojos de Dios de verdadero amor, entonces podríamos ver que el mundo es una sola entidad, a pesar de las diferencias de raza, religión, lenguaje, filosofía, etc.

Cuando los jóvenes se dedican al sacrificio y al servicio basado en el verdadero amor de Dios, entonces pueden empezar a resolver los problemas del mundo tales como la pobreza y el hambre. Además, pueden comenzar a curar las heridas causadas por las diferencias en el estándar económico y los sentimientos de antipatía y odio creados por las diferentes experiencias históricas.

En el momento en que todo necesita ser renovado, aquellos quienes no pueden renovarse a sí mismos declinarán y finalmente perecerán. Una semilla que falla en brotar en el momento apropiado se pudre. Cuando amanece un nuevo día, tenemos que ponernos ropa nueva, cuando llega una nueva estación, tenemos que preparar nuevas condiciones de vida. Lo que es más importante aquí es que primero debemos renovarnos a nosotros mismos, ya que el verdadero amor incluye amar a aquellos a los que nos cuesta amar. De esta definición, podemos adquirir un claro sentido de dirección para superar los retos de antipatía y hostilidad. La tensión filosófica entre libertad e igualdad también puede ser resuelta en un ambiente de amor verdadero.

Dentro de la filosofía del verdadero amor, también es posible reconciliar el conflicto histórico entre Dios y la humanidad, así como los conflictos entre la gente. A través de manifestar amor verdadero, Dios da y da y luego olvida que ha dado. Su único deseo es continuar el acto de dar. Esto es verdadero amor que nos capacitará para superar el egoísmo y nos llevará a un mundo de armonía y prosperidad.

La lógica del amor verdadero es que la familia se sacrifica por el país, el país se sacrifica por el mundo, y el mundo se sacrifica por Dios. Esta perspectiva nos capacita a mirar más allá del tribalismo y de los intereses centrados en la nación y proyectar nuestra mirada a un mundo de eterna paz.

Necesitamos establecer una cultura de verdadera juventud

Más que en cualquier otra época de la historia, los problemas a los que nos enfrentamos hoy, nos obligan a considerar que toda la gente del mundo comparte un destino común. Los problemas que aparecen en una región en particular o entre dos países cualesquiera, pueden inmediatamente afectar al equilibrio del poder y la economía del mundo. Como resultado de los avances en las tecnologías de la comunicación, horas, minutos e incluso a veces solo segundos separan a la población mundial.

Incluso en este momento, podemos comunicar nuestros pensamientos al mundo entero simultáneamente a través de internet. Mediante cientos de satélites de comunicación en el espacio, el mundo ya ha llegado a ser una sola comunidad, permitiendo a la población mundial vivir juntos como una familia universal. El poder y la filosofía del verdadero amor es la llave maestra que puede desbloquear totalmente los problemas de los individuos, familias y naciones del mundo, así estableciendo la paz universal en cada nivel. Sois vosotros, los jóvenes del verdadero amor, los que debéis ser los actores principales que pongan en práctica este verdadero amor.

Pureza, frescura, vigor, fuerza, valor, desafío, progreso, sacrificio, resistencia, ideales, esperanza; estas son todas palabras de bendición que son otorgadas especialmente a la verdadera juventud. Estas palabras manifiestan su valor real por primera vez cuando la verdadera juventud practica el verdadero amor en la familia, nación y mundo. Yendo más lejos, la verdadera juventud representa la sustanciación de la verdadera esperanza. Solo aquellos quienes presentan una nueva visión y dirección, y lo ponen en práctica, pueden llegar a ser los actores principales de una nueva era; esta es una percepción bien establecida en la historia.

El movimiento de la Bendición del matrimonio es una revolución cultural universal

A través de un movimiento de amor absoluto y pureza absoluta, debéis establecer una cultura de verdadera juventud basada en el verdadero amor. Debéis siempre recordar, que para vosotros, la verdadera juventud que tiene que proteger la familia con verdadero amor, los mayores enemigos son las tendencias sociales de degradación moral, incluyendo la decadencia sexual y la auto-indulgencia. Nuestra mayor tarea es la de establecer verdaderas familias que serán el fundamento del verdadero amor. Nuestros resultados determinarán si la humanidad sobrevive o es destruida.

Desde este punto de vista, el movimiento para la futura Bendición de 160 millones de parejas será una revolución cultural global que el mundo debe cumplir. La supervivencia de la humanidad está en juego. Este evento establecerá el comienzo de una nueva época moral nunca vista antes en la historia humana.

Yo creo firmemente que cuando vosotros, la verdadera juventud, lleguéis a ser la personificación del verdadero amor y los protagonistas en construir verdaderas familias, verdaderas naciones y un verdadero mundo, la llegada del siglo XXI dará lugar a un futuro de esperanza y visión.

En consecuencia, para alcanzar la Bendición internacional de 360 millones de parejas en el futuro, me gustaría pediros que volváis a vuestros países, creéis organizaciones de apoyo, y que trabajéis hacia esta meta con entusiasmo.

Oro para que la bendición de Dios esté con vosotros.

Muchas gracias.

TEORÍA DEL ARTE

El arte contemporáneo muestra una clara tendencia a hundirse cada vez más en la vulgaridad, y el resultado de un arte decadente es una cultura decadente. Si la situación presente continúa tal como está, la cultura mundial se enfrentará a una seria crisis. Es necesario que surja una nueva teoría del arte con el fin de establecer una sociedad genuinamente artística y así poder crear una nueva cultura.

I. Bases en el Principio de la Teoría del Arte

Las bases en el Principio para una teoría del arte incluyen los tres aspectos siguientes: el propósito de la creación y la creatividad; la alegría y la creación por semejanza; y la acción de dar y recibir.

En primer lugar, el propósito de Dios al crear el universo fue generar alegría a través del amor. Así pues, Dios creó el universo como su objeto de alegría. Por consiguiente, Dios puede ser considerado como un gran artista y el universo como su obra maestra. La creatividad artística del ser humano deriva de la creación divina del universo. La actividad de la creación comienza con el propósito para el conjunto, es decir, con la intención de agradar a los demás, y la actividad de la apreciación arranca con el propósito para el individuo, o sea, con el deseo de obtener alegría uno mismo. Como ya se explicó en la "Teoría del Ser Original", la creatividad de Dios consiste precisamente en su habilidad de realizar la estructura en dos etapas de la creación. Este mismo proceso se refleja en la estructura en dos etapas de la creación referente a la creatividad artística humana. La primera etapa es la fase de elaboración de un plan o concepción; y la segunda es la fase de la creación sustancial de la obra de arte, en la que se materializa el plan por medio del uso de diversos materiales.

En segundo lugar, Dios creó a los seres humanos y todas las cosas como sus objetos de alegría. Lo cual, aplicado a la teoría del arte unificacionista, significa que el artista crea la obra de arte de forma que se asemeje a su propio sung sang y hyung sang con el fin de sentir alegría al contemplarla. Dicho en otras palabras, el artista plasma su propio sung sang y hyung sang en su obra de arte, con el fin de poder experimentar alegría al apreciarla y sentir su propio sung sang y hyung sang reflejado en ella.

En tercer lugar, cuando se aplica el concepto de la acción de dar y recibir contenido en el Ser Original a la "Teoría del Arte", se puede ver que la creación artística tiene lugar por medio de la acción de dar y recibir entre un sujeto, el artista, y un objeto, la obra. La apreciación artística también ocurre cuando existe una acción de dar y recibir entre un sujeto, el apreciador, y un objeto, la obra de arte.

II. El arte y la belleza

A. El arte y la alegría

El arte es la actividad humana que se corresponde a la creación de la belleza y a su apreciación. Al igual que el propósito divino de la creación, la finalidad del arte es sentir alegría a través de la creación y apreciación de las obras de arte, el objeto del artista. Así pues, el arte se puede definir como la creación de la belleza y la producción de alegría a través de la apreciación de la belleza.

Pero, ¿cuáles son las condiciones que dan lugar a la alegría? La alegría surge cuando el sung sang y hyung sang del sujeto y objeto se asemejan entre sí. La semejanza a nivel del sung sang significa que el corazón y los pensamientos del artista plasmados en la obra de arte (objeto) y el corazón y los pensamientos del apreciador (el artista) se asemejan entre sí. Por otro lado, los elementos hyung sang de figura, color, sonido, olor, y demás cualidades del objeto (una cosa o una obra de arte) se asemejan a los correspondientes elementos hyung sang que existen dentro del cuerpo del sujeto (el apreciador) a una escala reducida; esto es la semejanza a nivel hyung sang. La alegría nace de la estimulación emocional que se produce cuando el apreciador puede percibir en su mente la semejanza de esos elementos correspondientes.

B. La belleza y la determinación de la belleza

La belleza se puede definir como la estimulación y la fuerza emocional que el sujeto recibe del objeto. Igual que la verdad y la bondad, la belleza es un valor. En otras palabras, la belleza es el valor de un objeto que es percibido mediante una estimulación emocional.

Sin embargo, la belleza no es algo que "exista" objetivamente; es algo que "se siente". Algunos elementos que existen en el objeto provocan en el sujeto una estimulación emocional que es sentida como belleza por dicho sujeto. El elemento de belleza, que estimula emocionalmente al sujeto, es la combinación del propósito por el cual el objeto fue hecho y la armonía, espacial y temporal, que existe entre los elementos físicos que componen el objeto. Así pues, cuando los elementos físicos, tales como líneas, figuras, colores y espacio en la pintura, o tono y ritmo en la música, están bien armonizados, centrados en el propósito de la creación, provocan un efecto estimulante en el sujeto. La belleza real aparece en el justo momento en que dicho efecto estimulante es percibido realmente por el sujeto.

En conclusión, la belleza aflora realmente cuando existe una acción de dar y recibir entre el deseo de buscar el valor del sujeto y los elementos de belleza contenidos en el objeto. Así pues, la belleza queda determinada por la evaluación emocional que el sujeto hace de la estimulación proveniente del objeto.

III. La creación y la apreciación

A. La creación y la apreciación vistas desde la perspectiva de los propósitos duales

Los seres humanos han sido dotados con el deseo de cumplir su propósito. El deseo que se corresponde con el propósito del conjunto se designa como deseo de realizar el valor, y el deseo relacionado con el propósito individual es denominado deseo de buscar el valor. En el arte, la creación se efectúa sustentada en deseo de realizar el valor, mientras que la apreciación se origina del deseo de buscar el valor. La creación artística es el acto por el cual un artista, en la posición de objeto, plasma el valor de la belleza para la satisfacción del conjunto, es decir, Dios y la humanidad, en la posición de sujeto. La apreciación, por otro lado, es el acto mediante el cual un apreciador, en la posición de sujeto, encuentra el valor de la belleza en una obra de arte, en la posición de objeto.

En la creación artística, existen requisitos para el sujeto (artista) y requisitos para el objeto (obra de arte). Adicionalmente, las técnicas, materiales y estilos de creación son asimismo importantes requisitos en el proceso creativo.

1. Requisitos para el sujeto en la creación

En primer lugar, el artista, como sujeto, debe disponer de un motivo, un tema y una concepción. Al inicio tiene que existir una motivación para la creación, o el motivo. El propósito por el cual el artista crea una determinada obra se sustenta en este motivo. Después, se determina el tema, y luego la concepción.

En segundo lugar, el artista tiene que desarrollar un sentido de conciencia objetiva. Él o ella deben tomar la posición de objeto frente a Dios y el conjunto de la sociedad, nación y humanidad y ofrecerles alegría por medio de mostrar el valor de la belleza. Es importante que los artistas se aproximen al acto de creación con la actitud de asumir la conciencia objetiva y esforzarse al máximo en expandir el alcance de su trabajo por el bien del sujeto (el conjunto). La actitud de querer dar alegría a Dios, el supremo sujeto, y manifestar su gloria es la culminación de la conciencia objetiva.

Finalmente, la individualidad propia del artista es otro de los requisitos para el sujeto en la creación. Cada ser humano es un ser individual que fue creado para reflejar una de las Naturalezas Individuales de Dios. En la creación artística, la individualidad del artista se expresa a través de la obra de arte. La creación artística es una expresión de la individualidad del artista, que se deriva de una naturaleza individual de procedencia divina.

2. Requisitos para el objeto en la creación

La obra de arte tiene que reflejar adecuadamente las condiciones sung sang del artista, tales como el motivo o propósito, el tema y la concepción. Con este fin, el artista debe usar los materiales más apropiados para manifestar esas condiciones sung sang. Además, los elementos físicos (componentes) que se usan en la creación tienen que estar combinados de tal forma que expresen una armonía completa. Éstas son las condiciones hyung sang. La armonía de los elementos físicos se refiere al ritmo armonioso de las líneas, la armonía de las figuras, el uso armonioso del espacio, los contrastes armoniosos de claros y oscuros, la armonía de colores y sonidos, la combinación armoniosa de formas en la pintura, de movimientos en la danza, y la armoniosa proporción entre segmentos lineales (Sección Áurea).

3. Técnicas y materiales

La manifestación de la creatividad artística consiste en la producción de una obra de arte usando ciertos materiales, formándose así un fundamento exterior de cuatro posiciones apoyado en el fundamento interior de cuatro posiciones de la concepción del artista. En el proceso de formación del fundamento exterior de cuatro posiciones, el sung sang (la concepción) y el hyung sang (los materiales) inician una acción de dar y recibir centrada en el motivo o propósito. En esta fase, se suelen requerir ciertas habilidades o técnicas especiales, a las cuales nos referiremos como técnicas de la creación. Los materiales también se componen de materiales sung sang, o sea, el objeto de la expresión, tales como el contenido o el modelo usado para una pintura, y materiales hyung sang, o sea, los medios de la expresión, tales como el mármol o la madera. El primero se denomina material sujeto (contenido), y el último, el médium o vehículo (forma).

4. Estilos y escuelas de creación artística

El estilo de creación se refiere al método de expresión artística, que es una manera particular de establecer la estructura en dos etapas de la creación. De especial relevancia es la forma como se constituye el fundamento interno de cuatro posiciones, es decir, el estilo de concepción. Incluso en el caso de dos proyectos artísticos en los que el motivo (propósito) sea el mismo, cuando el sung sang interno (intelecto, emoción y voluntad) y el hyung sang externo (material sujeto) difieren en uno y otro proyecto, el resultado o concepción final también será diferente. La concepción varía de acuerdo al modo de disponer los tres elementos constituyentes del fundamento interno de cuatro posiciones. Por esta razón, las obras que resultan de tales concepciones se dividirán naturalmente en una gran variedad de estilos diferentes.

Históricamente, han existido numerosas escuelas de expresión artística famosas tales como idealismo, romanticismo, realismo, naturalismo, simbolismo, impresionismo, expresionismo y cubismo. Así pues, la concepción y el estilo de creación artística siempre variarán dependiendo de las reglas que se sigan. No obstante, a veces aparecen estilos que integran elementos comunes de las diferentes escuelas. La visión expuesta en la "Teoría del Arte" del Pensamiento de Unificación se puede denominar de una manera simple unificacionismo. Esta visión significa esencialmente que el idealismo y el realismo se unifican centrados en el propósito de la creacióni. Por ejemplo, el unificacionismo retratará la imagen de un ser humano colmado de esperanza, que intenta vencer las dificultades del mundo inmoral actual, a la vez que anhela el mundo ideal original. El unificacionismo trata asimismo de expresar el amor ideal de Dios y el Corazón que él ha sentido a todo lo largo del curso de la historia, por lo que es también una teoría basada en el Corazón, y por tanto incluye así elementos del romanticismo.

C. Requisitos de la apreciación

1. Requisitos para el sujeto

La apreciación es también una forma de creatividad artística y de acción de dar y recibir. De manera similar a la creación, se requieren condiciones para ambas partes, el apreciador (el sujeto) y la obra de arte (el objeto). En el caso del sujeto, los requisitos sung sang serán que él o ella tienen que poseer el deseo de contemplar y disfrutar de la belleza. El sujeto, o apreciador, debe tener una actitud contemplativa e intuitiva al apreciar la obra de arte. Obviamente, para que el apreciador satisfaga estos requisitos debe poseer también un cierto nivel de cultura, sentido del gusto, conocimientos y un cierto tipo de carácter individual. La unidad armoniosa entre la mente espiritual y la mente física del sujeto es otra condición importante.

También es necesario disponer de una cierta comprensión del motivo, tema y concepción de la obra de arte, así como un cierto conocimiento del pensamiento del artista y el trasfondo histórico y social de la creación de la obra. De esta manera, las mentes del creador y del apreciador se identifican cada vez más, lo que permite que el proceso de apreciación se convierta en un acto de creación adicional realizado desde la perspectiva del apreciador. También, al contemplar la obra de arte, el apreciador está en la posición de sintetizar en la mente propia la concepción del artista (sung sang) y la armoniosa interacción entre los diversos elementos materiales que componen la obra (hyung sang), sacando así a la luz el profundo significado de la obra de arte. Finalmente, es imprescindible que el apreciador tenga los sentidos de la vista y el oído, así como los nervios y el cerebro en buen estado de salud (condiciones de tipo hyung sang o corporales).

2. Requisitos del objeto

En la apreciación, las condiciones requeridas para el objeto (la obra de arte) consisten en que los elementos físicos que constituyen su belleza estén armonizados, centrados en el propósito de la creación. La obra de arte (el objeto) se presenta ante el espectador como una pieza completa. Las condiciones sung sang y hyung sang que la componen no pueden ser alteradas caprichosamente por el gusto del apreciador. Sin embargo, el arte puede adquirir un nuevo significado por medio del acto creativo adicional realizado por el apreciador al proyectar sus condiciones subjetivas en la obra, en la elección de la obra y en la manera de contemplarla. De esta forma, se resalta la semejanza de la obra con el sujeto que la aprecia. Adicionalmente, cuando se expone la obra de arte es asimismo relevante preparar un ambiente adecuado, incluido el fondo y la iluminación.

A continuación, consideremos cómo se realizan los juicios acerca de la belleza. La belleza no existe objetivamente. Queda determinada cuando el deseo de buscar la belleza del apreciador es colmado por el estímulo emocional que recibe de la obra de arte. Los elementos de belleza potencial existentes en la obra de arte se convierten en una belleza real cuando producen en el sujeto una estimulación emocional y éste los juzga como bellos. En el caso de los juicios de sobre la belleza, el elemento emocional es más activo que el elemento cognitivo. Un juicio estético, debido a que se basa en una estimulación emocional, está más movido por los sentimientos que por la cognición.

IV. La unidad en el arte

En toda actividad artística existen elementos complementarios que tienen que ser considerados desde el punto de vista de su unidad. Primeramente, hay unidad en la creación y la apreciación. Normalmente, se consideran actividades separadas, la creación la realiza el artista y la apreciación es una actividad efectuada por el público. Sin embargo, desde la perspectiva del Pensamiento de Unificación, ambas actividades son simplemente dos momentos o fases de una misma actividad de dominio. Cuando el artista produce la obra de arte, simultáneamente la está contemplando y apreciando. Y el apreciador que contempla una obra de arte, al mismo tiempo emprende una actividad creativa. Como mencionamos antes, la apreciación puede considerarse como una actividad creativa adicional a causa de la acción subjetiva.

En segundo lugar, hay unidad de contenido y forma. El contenido y la forma se corresponden a los conceptos de sung sang y hyung sang en el Pensamiento de Unificación. Igual que sung sang y hyung sang existen como una unidad indivisible, contenido y forma también tienen que estar unidos. Esto significa que los aspectos sung sang (motivo, tema y concepción) y hyung sang (elementos materiales) deberían estar armonizados y unificados.

En tercer lugar, la universalidad y la individualidad también deberían estar unidas. Los artistas expresan su individualidad en la obra de arte, pero al mismo tiempo también manifiestan ciertos elementos comunes basados en la escuela a la que pertenecen, la región de donde provienen, o la época en la que viven. Por un lado, está la individualidad, por otro, la universalidad. Dado que el creador combina dentro de sí elementos de individualidad y universalidad, su obra de arte también expresa una belleza basada en ambos aspectos, la individualidad y la universalidad.

En cuarto lugar, hay unidad entre la eternidad y la temporalidad. Todas las entidades creadas encarnan dentro de sí mismas la unidad de la inmutabilidad y la mutabilidad porque son una combinación de un fundamento de cuatro posiciones preservador de la identidad y un fundamento de cuatro posiciones generador del desarrollo. De igual manera, dentro de la obra de arte el elemento eterno y el elemento temporal conviven en unidad. Así pues, la belleza de la obra de arte llega a ser realmente impactante cuando al contemplarla apresamos el "instante en la eternidad" o la "eternidad en el instante".

V. Arte y ética

El arte es una forma de dominio sobre la creación. No obstante, el ser humano fue creado originalmente para perfeccionar su carácter y su capacidad de amar antes de ejercer el dominio sobre la creación. Ya que la perfección del propio carácter es una premisa para alcanzar el dominio de la creación, lo correcto sería que la ética fuera un prerrequisito de la creación artística, la cual es una forma de dominio sobre la creación. Dado que ambas actividades, la creación y la apreciación, representan una forma de dominio sobre la creación, tiene sentido que el artista tenga que ser también una persona moral y ética.

El amor es la fuerza emocional que un sujeto da a un objeto, y la belleza es el estímulo emocional que el sujeto recibe del objeto. El amor, desde el punto de vista del que lo recibe, es belleza; la belleza, desde la perspectiva del que la ofrece, es amor. Así pues, el amor y la belleza están interrelacionados entre sí de tal forma que son dos y uno al mismo tiempo. De una manera semejante, la ética, que se ocupa del amor, y el arte, que se ocupa de la belleza, son dos campos que se encuentran conectados por una inseparable y estrecha relación. Por ello, la verdadera belleza únicamente puede existir sobre la base del verdadero amor. Sin embargo, aunque es habitual que los artistas de nuestra sociedad traten el tema del amor en sus novelas, obras de teatro, películas, etc., no es tan frecuente que ellos mismos sean personas éticas. Esto significa que, en general, el amor que ellos representan o exhiben en sus obras no es el amor de Dios, sino una forma de amor caído que tiene su origen en el uso inmoral del amor de nuestros primeros antepasados humanos.

VI. Tipos de belleza

Como acabamos de ver, el amor y la belleza están inseparablemente conectados entre sí y ninguno de los dos puede considerarse aparte del otro. Cuanto más los padres aman a sus hijos, más bellos aparecen ante sus ojos; cuando la cantidad de amor aumenta, lo mismo le ocurre a la belleza. Por consiguiente, los tipos de belleza se corresponden con los tipos de amor. El amor de Dios se manifiesta divisionalmente en la familia como amor paternal y maternal, amor conyugal, amor de los hijos e hijas, y amor entre hermanos y hermanas. Por ello, los tipos de belleza están relacionados con estas formas de amor. Los tipos de belleza se pueden subdividir y describir de la siguiente manera:

Belleza paternal: solemne, magnánima, severa, amplia, profunda y sobrecogedora.

Belleza maternal: amable, noble, cálida, delicada, pacífica y afectiva.

Belleza del esposo: masculina, activa, digna de confianza, trágica, resuelta, valiente y prudente.

Belleza de la esposa: femenina, pasiva, comprensiva, obediente, sentida, tierna, risueña y comedida.

Belleza de los hijos: filial, obediente, dependiente, juvenil, cómica y bonita (en un sentido masculino).

Belleza de las hijas: filial, obediente, dependiente, juvenil, cómica y bonita (en un sentido femenino).

LA VERDAD FUNDAMENTAL

Enero 12, 1990
Sala de las Religiones Janggyo-dong, Seúl, Corea
Conferencia de bienvenida en la Asociación de las Religiones en Corea

Estoy muy agradecido por esta oportunidad de encontrarme con todos ustedes, figuras prominentes de cada denominación religiosa. Estoy seguro de que cuando los líderes religiosos sirven a sus congregaciones y éstas cumplen su misión, hay esperanza para el futuro de la República de Corea. No obstante, no hay ninguna congregación religiosa que pueda realizarlo por sí misma. El problema consiste en cómo unir a las religiones en harmonía. Este no es solo un problema religioso; también es político e ideológico. En todo caso, la humanidad deberá dirigirse hacia un mismo destino final.

Problemas encontrados en la vida y las enseñanzas de los santos

Cuando consideramos el mundo externo, vemos que hay muchos grupos poderosos que han ido dando forma a la historia de la política, economía, cultura y de la sociedad. Cuando consideramos el mundo interno, hay una variedad de denominaciones religiosas. Los líderes de estas religiones son también muy diferentes, sin embargo tienen la misma responsabilidad de dirigir al mundo y guiar a la historia. Si comparáramos todo esto con un ser humano, la religión sería como la mente y la sociedad sería como el cuerpo.

Entonces, cuando nos consideramos a nosotros mismo como seres humanos, se produce una pregunta: ¿cuándo estarán nuestra mente y nuestro cuerpo unidos? Sabemos perfectamente que no hay ni un santo que haya podido declarar con seguridad "He unido mi cuerpo y mente a través de mi doctrina. He conseguido la paz; he acabado con la guerra entre mi mente y mi cuerpo."

Podemos ver que los mundos externo e interno están en conflicto. Este choque también es evidente a nivel global, donde hasta el día de hoy, los gobernantes de las naciones en el mundo secular han oprimido el ámbito religioso. Las religiones han sufrido mucho. En particular, las religiones en sus etapas de formación han sido muy perseguidas, aunque no atacaran al resto de la sociedad. Al mismo tiempo, estas fueron creciendo a pesar de todos los ataques recibidos.

Este conflicto sobre lo interno y lo externo es el problema fundamental; de aquí viene el título de la conferencia de hoy: "La Verdad Fundamental".

Nacido entre la gente con vestiduras blancas de Corea, soy una persona que ha pensado y se ha angustiado más que nadie sobre la cuestión de la religión. Además, he pensado profundamente sobre los problemas de la vida y sobre la condición humana. ¿Quién puede solucionar los problemas de la humanidad? La gente no puede hacerlo por sí misma. Entonces, ¿cómo pueden solucionarse? A través de las enseñanzas de los santos.

Al decir santos, me refiero a los líderes de las cuatro grandes religiones. ¿En qué centraron sus vidas estos fundadores? En preguntarse sobre los valores absolutos que, a su vez, estaban arraigados en las preguntas sobre la existencia y la naturaleza de Dios.

La diferencia entre religión y filosofía es que la religión se origina en Dios. Este no es el caso de la filosofía. La religión tiene un trasfondo de misterio y define su propósito a medida que se desarrolla la providencia de Dios, el Ser Sujeto, que mueve la historia entre bastidores. Esto significa que los fundadores de las religiones vivieron sus vidas conjuntamente con Dios.

¿Qué tipo de vida es aquella que ha comenzado juntamente con Dios? ¿Se trata de una vida privada, tan solo centrada en la familia? ¿O es una vida religiosa vivida con Dios y centrada en la tribu? De ser la última, ¿se centraría sólo en la gente con vestiduras blancas de Corea? ¿En una vida sólo centrada en la nación? También podríamos elevar esta cuestión al nivel del mundo físico y espiritual, del Cielo y la Tierra.

¿Ha existido alguna vez alguna religión que albergara la noción de salvar a la familia? ¿Ha habido alguna vez una religión que promoviera la salvación de la sociedad, la salvación de los pueblos y la salvación de las naciones? La mayoría de las religiones defienden la liberación individual. Dicen que el individuo necesita ser salvado. Empezaron centrándose en lo individual. Por esta razón, cuanto más elevado sea el nivel de una religión, más tenderá su doctrina a separar a sus creyentes del mundo material. Exigirá que el creyente renuncie al mundo. Esto ocurre tanto en el Budismo como en el Cristianismo.

¿Qué significa renunciar al mundo? Cuando naces como coreano, naces dentro de una tribu con un apellido determinado. Estás completamente envuelto por la historia y la cultura tradicional de la tribu. El renunciar al mundo significa renunciar a tu familia, que está en el centro de esta cultura. El dejar tu hogar y renunciar al mundo implica renunciar a tu nación, renunciar a tu sociedad, renunciar a tu familia y hasta renunciar a tu relación padre-hijo. Esto es un problema.

Es un problema ya que, aunque cada uno de nosotros intente recorrer el camino de su destino, no podemos cambiar la parte de nuestro camino que Dios ha dispuesto. Así que la cuestión es ¿qué es lo que podría romper la relación entre padres e hijos que Dios ha creado? El intentar cambiar este hecho crea un problema. Aunque un dictador intentara educar a padres e hijos durante miles de años diciendo, "¡Tú no tienes padres! ¡Tú no tienes hijo!", no podría cambiar esta relación.

Entonces, ¿dónde se encuentra la razón de renunciar al mundo, dejar tu hogar y hasta renunciar a la relación entre padres e hijos? El hecho de renunciar al mundo, ¿te permitiría al dejar tu hogar seguir conectado a tu madre y padre? O ¿te haría renunciar a esa relación, dejando atrás todo lo que estuviera centrado en tu propio ego y, así, poder seguir tus propios principios, basados en un estándar de perfección individual? Únicamente se enfocará en el estándar de la propia perfección.

El origen de las religiones y nuestra relación con Dios

Todas las religiones están basadas en el estándar de la perfección individual. Esta es la razón por la que las religiones avanzadas promueven una vida solitaria. Te instan a renunciar a tus lazos de sangre con tus padres y luego te instan a renunciar a tus propios descendientes. Esta es una verdad en el catolicismo y el budismo. Uno debe renunciar al mundo, uno debe renunciar a la nación, uno debe renunciar a su propia familia, uno debe renunciar sus propios padres, los hombres deben renunciar a las mujeres, y las mujeres deben renunciar a los hombres.

La cuestión es cómo una congregación religiosa puede encontrar y establecer la doctrina, la lógica, que explique el por qué se debe renunciar a estos lazos. El Cristianismo es impreciso en este punto, igual que el Budismo y el Confucionismo. Se dice que, "Las cuatro estaciones representando el círculo de la vida son leyes celestiales incambiables y ésta es también la naturaleza de los seres humanos, quienes persiguen el amor, la justicia, la cortesía y el conocimiento para seguir las leyes celestiales." ¡Qué maravilloso refrán! El carácter chino *cheon* (insertar carácter chino) en este refrán significa Cielo. Aunque haya un Cielo, si ese Cielo no es uno con el cual yo pueda formar una conexión eterna desde el principio, yo no puedo servirlo como a un Cielo Ideal. Desde el principio, siguiendo cada etapa y hasta el final, cada parte de esa conexión con el Cielo debe ser eterna. Con esta clase de Cielo yo debo ser feliz; no hará que me sienta infeliz. Cuando eres uno con ese Cielo todos los seres existentes te envidiarán y todo te apoyará y seguirá. No estarás limitado por las circunstancias particulares en las que naciste, tal como el formar parte del pueblo Coreano. Irás adelante transcendiendo raza y filosofía.

A este respecto, el fundador de cada religión inició su ministerio cuando pudo empezar a vivir con Dios. Cuando consideramos la relación entre el fundador de una religión y Dios, la cuestión es si las personas deben seguir a Dios o a los fundadores de la religión. En esta relación entre el líder religioso y Dios, el fundador necesita seguir a Dios. Si este Dios es un Dios ab-

soluto, entonces el líder religioso debe seguirlo de forma absoluta. Necesitamos saber sobre la relación entre nosotros y este Dios a quien debemos seguir absolutamente, así como la relación entre Dios y el líder religioso. La cuestión de cómo podemos conectar la relación entre Dios y el líder religioso y la relación entre el líder religioso y nosotros mismos no es simple.

Mientras reflexionaba acerca de las cuestiones sobre el mundo espiritual y el ámbito religioso, me di cuenta de que hay un mundo misterioso. Si te cuestionas sobre si hay un Dios o no, la respuesta es, definitivamente, que hay un Dios. Hoy en día el mundo de las relaciones es un problema.

Un hogar está compuesto de las relaciones entre padres e hijos, las relaciones entre marido y esposa y las relaciones entre hermanos. Además de eso, también existe la relación entre una familia y otra. No importa cuán increíble sea una persona, ella estará en desventaja si sus relaciones familiares han sido cortadas. ¿Cuál es el centro en las relaciones entre el individuo y la familia, entre familia y familia, o entre tribu y tribu? El hecho es que los seres humanos no pueden abandonar el mundo de las relaciones.

Hay un refrán al respecto: "Cuando el hogar de uno está en harmonía, todo va bien." Para que el hogar de uno esté en armonía y para que todo vaya bien, la relación entre abuelo y abuela necesita ser ideal. La relación entre marido y esposa y las relaciones entre hermanos necesitan ser ideales. No funcionará si el abuelo y la abuela solo son felices por su cuenta, o si el marido y la mujer o los hermanos son felices solo entre ellos. Solo cuando el abuelo, la abuela, los padres y los hijos e hijas estén en armonía vertical y horizontalmente, delante y detrás, y de izquierda a derecha, podrá el hogar estar en armonía.

Es difícil que el hogar esté en armonía. ¿Por qué? Es porque el cuerpo y la mente están luchando dentro de nosotros mismos. El paralelo treinta y ocho no es el problema y las guerras del mundo no son el problema. En realidad, ¿cuál es la causa de la guerra? El origen de la guerra se encuentra dentro de uno mismo.

La religión requiere un estilo de vida que niegue los deseos del cuerpo y que siga lo que la mente dicte

La humanidad está formada por hombres y mujeres. Y cada uno de ellos está compuesto de mente y cuerpo. Al creer en una religión, ¿crees en ella con tu mente y tu cuerpo o sólo con tu mente? Sería ideal que creyeras en ella con tu mente y tu cuerpo unidos. Cuando no están unidos, Dios se centra primero en la mente, que es el sujeto, para poder llevarlos a la unidad.

Cuando se dice que la mente es recta, significa que es vertical. Debes llegar a ser completamente uno con Dios centrado en la mente y luego unir el cuerpo a esa mente. Esta es la tarea que los creyentes religiosos de hoy en día necesitan completar en el transcurso de sus vidas. Necesitas vivir unido con Dios y encontrarte en una posición donde conoces la voluntad de Dios.

En otras palabras, necesitas vivir centrado en la Voluntad de Dios. Sin embargo, el cuerpo no sigue voluntariamente. Ya que la mente está en la posición más (+), qué bonito sería si el cuerpo tomara la posición menos (-). El cuerpo, sin embargo, intenta tomar la posición positiva. Al estar los dos en la posición positiva solo pueden repelerse el uno al otro.

Entonces, ¿cómo pueden ser llevados a la unidad? Hay dos maneras de hacerlo. Primero, encontrando la verdad fundamental, alcanzando una actitud absoluta con una fe fuerte y una mente inmutable y, de esta manera, debilitar el cuerpo. En resumen, practicando el ascetismo.

¿Hay alguien al que le guste practicar el ascetismo? ¿Hay alguien en este mundo que disfrute llevando a cabo prácticas ascéticas? De los miles y decenas de miles de practicantes, ninguno lo disfruta. Si hay millones de budistas, ¿habría alguno entre ellos que disfrutara practicando el ascetismo? La respuesta es no.

Siendo este el caso, ¿puede el ideal ser realizado forzando a la gente a practicar una vida ascética? Esto sería autodestructivo. Ya que es imposible alcanzar el ideal a través de la práctica del ascetismo incluso a la fuerza, la noción de poder alcanzar la perfección a través de la imposición es absurda. Al mismo tiempo, la vida religiosa se basa en negar al cuerpo.

El segundo camino es el de centrarse en la mente en la posición más (+). Esto hace que el cuerpo se sitúe en la posición menos (-) y, una vez que el cuerpo está en la posición menos (-), no hay necesidad de decir que deben unirse como uno. Cuando el cuerpo regresa a la posición menos (-), el cuerpo y la mente pueden ser llevados a la unidad.

Hay gente que niega a Dios. Pero lo que realmente están haciendo es quejarse de que Dios falló en crear a los seres humanos de tal modo que no tuviéramos que negar a nuestro cuerpo. Aunque no sepamos el por qué, es cierto que los seres humanos están trastornados. Hay monjes Budistas que, no importa cuánto cultiven su mente y reciten cánones budistas, no pueden deshacerse de su deseo por comer carne. Ese deseo permanece vivo en ellos. No tenéis ni idea de cuan fuerte es. No importa cuanta devoción ofrezcan y cuanto entrenen su mente, no funcionará bien. El camino que recorren y su tránsito hacia ese mundo, se establece como una fórmula.

Entonces, ¿por qué necesitan hacer sufrir a su cuerpo a través de la religión?

Es para debilitarlo y que así pueda seguir a su conciencia. Necesitan debilitar su cuerpo y arrastrarlo durante tres años, hasta que se acostumbre a ese trato. Esto es para el propósito de enfatizar una fe absoluta. No pueden pensar absolutamente en otra cosa. Dejando atrás a su madre y a su padre, a sus hermanos, a la persona que quieren y a las diversas cosas de la nación y el mundo, tienen que intentar entrenar su cuerpo para que se haga totalmente sumiso ante el estándar de la moralidad y así llegar al punto en que la mente y el cuerpo se puedan unir. Todas las religiones deben enseñar esto. De otro modo no puede haber un desarrollo en el mundo religioso y no puede tener lugar una revolución del carácter.

Es por eso que tienen que abstenerse de comer, practicar otras formas de ascetismo, e ir a la sociedad para ser perseguidos y recibir oposición.

A fin de alcanzar el propósito de la moralidad, no importa cuánto grite su cuerpo, quejándose por estar al borde de la muerte, deben ignorarlo. La vida religiosa es una vida de negación personal a través de la cual hacen que su cuerpo se haga obediente a su mente, para así encontrar su verdadero yo. Las personas religiosas que no hayan conseguido esto son un fraude. Basado en este punto de vista universal, una persona que dice que, él o ella, va a entrenar su cuerpo para alcanzar un nivel más elevado que el enseñado por las escrituras, con el fin de llegar a un acuerdo entre su conciencia y su cuerpo, es un verdadero practicante de su religión.

Me sabe mal decir esto, pero si los monjes budistas se casaran y tuvieran hijos e hijas, ¡que difícil sería para ellos alcanzar el estado de unidad entre el mundo de la mente mientras cuidan de su familia! ¡Qué difícil sería para ellos llevar a cabo sus responsabilidades familiares! ¿Pero no renunciaban al mundo y dejaban sus hogares para reducir tales problemas?

¿Qué se debe hacer después de que uno haya renunciado al mundo? Después de que un hombre y una mujer completan sus metas y alcanzan el estándar de moralidad, pueden convertirse en uno. Es por eso que en los Últimos Días, la era del poder alcanzado a través del ascetismo llegará a su fin, y llegará el tiempo en que todos aquellos que hayan alcanzado el estándar moral se casaran como algo normal.

En el mundo secular, muchos problemas aparecen porque la gente se casa de la manera equivocada. Este mundo se ha convertido en un nido de demonios, un nido de diablos, un nido de Satán. Dios dirá a esas personas:

"Tú maldito, tú estás siguiendo el camino de los que van en contra de la moralidad, centrándote en la ética terrenal y, de esta manera, llegarás a tu ruina. Para devolverte al buen camino, necesitas de un ejemplo. Los monjes budistas deberían casarse y los sacerdotes y las monjas deberían casarse, para establecer un ejemplo para ti." ¿Se puede encontrar algo así en las escrituras? No está en las escrituras.

Los cuatro grandes santos son líderes de la moralidad. Son los fundadores de las religiones. Centrándonos en los fundadores religiosos durante el curso de miles de años de historia, la humanidad se ha ido iluminando. El Cielo, o Dios, es el Dios Absoluto en el centro de la historia e impulsa la fortuna celestial. Como las intenciones de los líderes morales fueron buenas, Dios los estableció y usó como modelos para el resto de nosotros. Por lo tanto, no pueden decir, "Nuestro líder moral es Dios". Es un problema serio cuando dicen que su líder moral es el Dios Absoluto.

Una confrontación con Dios para descubrir la verdad fundamental

Los seres humanos comenzaron a partir de una primera causa. ¿Cuál es la primera causa? El nombre de esa primera causa no importa. Él es aquel con el ideal que todos los seres humanos anhelamos. Él no es un ser que viene y va y que piensa cualquier cosa. Ya que él es el Ser Absoluto, Su ideal también es Absoluto.

No hay ningún fundador religioso que pueda estar por encima de Él. No importa cuán eminente sea un fundador religioso o un líder religioso, o cuán grande sea el poder de un creyente religioso para cambiar el mundo, él o ella necesitará centrarse en Dios. La persona va a estar en serios problemas si se centra solo en sí misma. Esto se debe a que los seres humanos son, después de todo, solo seres resultantes y no el Ser Causal.

¿Cómo llegaron a nacer los seres humanos, siendo seres resultantes? Para nosotros, el ser causal es nuestra madre y padre. Y el ser causal de nuestros padres son nuestros abuelos y abuelas. Así es como, remontándonos en el tiempo, el ser causal de todos los abuelos y abuelas serían los primeros antepasados. Y aunque los seres humanos no lo supiéramos, si hay un Dios, Él sería la primera causa de nuestros primeros antepasados, si fuéramos hasta el final.

¿Cuál es la voluntad de este Dios? ¿Es la de establecer religiones y salvar individuos y familias, o es salvar la nación, el mundo y el cielo y la tierra? Actualmente, existe el infierno en la tierra y el Cielo sufre con gran angustia por el estado del cosmos. Así, la salvación que Dios pretende es acabar con el sufrimiento de los cielos y el infierno en la Tierra y construir el reino de los cielos. Un ser que intenta este tipo de salvación es un ser de bondad absoluta.

Yo he meditado mucho e intensamente sobre estas cuestiones. He orado profundamente y me he confrontado con todo el mundo espiritual en la búsqueda de la verdad fundamental del universo. Y de esta manera he encontrado a Dios. Entonces reté a Dios enfrentándome a Él diciendo, "Te he descubierto y estoy preparado para morir en la búsqueda de la verdad. Por favor, enséñame los secretos fundamentales del universo." Después de pasar por terribles luchas, descubrí la verdad fundamental preguntándole a Dios, "¿Qué tipo de ser eres Tú?"

Hoy en día la cuestión sobre si hay un Dios o no es universal. A partir de esa pregunta surgió la interpretación materialista de la historia, la interpretación idealista de la historia y la teoría del dualismo. La cuestión se puede reducir a: ¿Qué es dominante, la mente o el cuerpo? Ha sido revelado que ni la mente ni el cuerpo es dominante y que ese conflicto dualista existe porque el cuerpo y la mente no están unidos. El mundo democrático es como una extensión de la mente, mientras que el mundo comunista es del mismo modo una extensión del cuerpo. Y luchan entre ellos. ¿Cómo se puede parar este problema? La unidad del mundo democrático y del mundo comunista empezará a través de la unidad entre la mente y el cuerpo dentro de cada uno..

Al reflexionar sobre estas cuestiones, me propuse como lema, "Antes de desear tener dominio sobre el universo, primero debes tener dominio sobre ti mismo." Este fue mi primer lema. Consideren que aunque toda persona y congregación religiosa desea gobernar el mundo y el cielo y la tierra, son incapaces de controlarse a sí mismos. Comprometido en esta lucha, yo vagué e investigué durante diez años; y derramé muchas lágrimas.

Se les enseña que el deber de un hijo filial es el de llegar a ser absolutamente uno con sus padres. Se les enseña sobre el camino de un patriota centrado en la nación. La piedad filial se conecta con el patriotismo, y si lo amplían, se convierte en el camino del santo. ¿Son santos y sabios los fundadores religiosos en los que creen? Jesús, Confucio, Buda, son todos ellos santos.

Un verdadero discípulo es aquel que puede recibir el amor de un líder religioso

De entre las cuatro grandes religiones, ¿cuál podría establecer el estándar de la moralidad? No puede haber dos picos más altos. Aunque escalaran picos en las cuatro direcciones: este, oeste, norte y sur, sólo hay un pico más alto.

¿Cuáles son los rasgos de un verdadero creyente? Hoy aquí están muchos monjes budistas presentes, así como sacerdotes de alto rango. Qué maravilloso sería si Buda les hubiera dicho, "¡Vuestro sacerdote es el número uno!" ¿Qué es lo que Buda realmente desearía? Cuando van al mundo espiritual, no necesitan dinero. Ni conocimiento. Yo he estado allí y eso es lo que vi. No necesitan poder. Dios puede crear dinero. Él puede incluso crear diamantes tan grandes como una estrella. Él es el Ser Absoluto y el Gran Rey del conocimiento y el poder. Puede trascender las cuatro estaciones, primavera, verano, otoño e invierno y ejercer Su poder libre y eternamente. Entonces, ¿Qué necesitaría?

Los budistas son aquellos que han ganado la confianza de Buda. ¿Es tener su confianza lo mejor que puede haber? No, no lo es. Al final, donde tienen que ir es a la relación interna desde la relación externa. Tienen que llegar a ser la persona que reciba más amor de Buda que nadie. Al fin y al cabo, ¿preferirían ser una persona en la que se confía o una persona a la que se ama? Una madre confía de forma absoluta en su hijo. Sin embargo, no serviría de nada que solo confiara en su hijo y no hiciera nada más. Ella solo llegará a ser feliz cuando lo acoja en su seno, le da de comer del pecho y lo ame. El hacerlo está en su naturaleza original.

Eso es porque, como he dicho antes, existe una relación entre el líder moral y el creyente. Es una relación basada en el dicho, "Cuando una casa está en harmonía, todo va bien". ¿Cómo es esta relación? Una relación basada en una doctrina es excelente. Sin embargo, una doctrina sólo te enseña el camino a seguir. Te enseña lo que moralmente es correcto e incorrecto. El carácter chino para moralidad *do* (道) significa la senda que caminas. ¿Qué harían una vez que hubieran llegado? ¿Qué harían al encontrarse con Buda y Jesús? Todo el mundo desea encontrarse con sus líderes religiosos. ¿Qué harían cuando se encontraran con ellos? ¿Estaría bien que lo que le pertenece a Jesús pasara también a pertenecerle a usted y que lo que le pertenece a usted pasara a pertenecerle a él? Llegado este momento, se trata de abrazar la fe. En otras palabras, el deseo de los creyentes es el de estar en igualdad de condiciones con sus líderes.

¿Qué deberían hacer para estar al mismo nivel que ellos? Centrándonos en Buda, ¿estaría bien tener una relación con él de sobrino o sobrina teniéndole como tío, tanto si fuera del lado paterno o materno? ¿O estaría mejor estar en una relación maestro-sirviente con él? Si preguntaras a los creyentes, "¿Qué tipo de relación te gustaría tener con él?" ellos contestarían, "Deseamos ser los hijos e hijas de Buda." Esa es la conclusión final.

Los hijos e hijas son los herederos. Y pueden vivir conjuntamente con él e ir dondequiera que él vaya. Pueden participar en cualquier cosa que haga. En la relación de padre-hijo, cuando estás centrado en el amor tienes el derecho a la herencia. Uno de los atributos del amor es el derecho a la herencia.

Cuando un hombre y una mujer están enamorados, ¿a quién pertenecerán las posesiones del marido? Estas pertenecen a la esposa. Del mismo modo, las posesiones de la esposa pertenecen al marido. Por esta razón, una pareja de casados con cuentas de banco separadas se podría considerar falsa. Es como si estuvieran preparados para hacer las maletas e irse en cualquier momento. Este comportamiento debe cambiarse y ser cambiado de raíz.

Con todo el respeto hacia la relación entre Buda y sus discípulos, o si preguntáramos a Jesús, "¿Qué es lo que esperas de los creyentes?" Ellos no dirían, "Deseo que trabajen como mis esclavos por el resto de las generaciones que vengan", ¿verdad? Los ministros cristianos cuando oran dicen que son los sirvientes de Dios. ¿Por qué oran de esta manera? ¿Están satisfechos siendo solo sirvientes de Dios? Por encima del sirviente está el hijo adoptivo, el hijastro y el hijo del linaje directo. Ya que conocen las tres etapas que se deben pasar desde ser un siervo hasta ser Su hijo o hija, siendo todo lo demás de la misma manera, ¿no les gustaría convertirse en Su hijo o hija? ¿Por qué optarían por ser Su sirviente?

El Rev. Moon es el filósofo del amor

Si hay entre nosotros seguidores de Jesús, ¿les gustaría estar en una posición cercana a él, como si fueran sus hijos e hijas, o les gustaría estar en la posición de su vecino? Si preguntarais esta cuestión a Jesús, él contestaría, "¿Pero qué pregunta es esa? Claro que deberías desear estar en la relación más vertical, que es la relación padre-hijo, no en una relación horizontal". ¿Por qué querrían que fuera una relación de padre e hijo? Esto es debido a que es una relación vertical. La relación entre marido y esposa es una relación horizontal. Entonces, que viene primero, ¿la vertical o la horizontal? Si la vertical viene en primer lugar, ¿por qué es así?

Cuando fueron creadas todas las cosas en el mundo, el Creador las creó verticalmente al mismo tiempo que miraba a lo horizontal. Eso es el motivo por el que todas las cosas buenas tienen una orientación perpendicular. Los tallos crecen perpendicularmente. Las flores los hacen curvar, mientras los tallos crecen erguidos. Los tallos incluyen raíces y brotes de tallos. Todos son perpendiculares.

Si los antepasados de los seres humanos son la Segunda Causa, entonces la Primera Causa, Dios, está en una posición más elevada y los seres humanos en una posición inferior. Bajo estas circunstancias, si habláramos del amor entre Dios y los seres humanos, diríamos que es solo un amor vertical.

Llegado este punto, podemos formular un concepto: ¿qué es lo que puede crear completa perpendicularidad entre lo vertical y lo horizontal? El conocimiento no es suficiente. Tú no puedes seguir una línea recta con solo eso; te haría ir en círculos. Y el dinero no es algo que venga verticalmente caído del cielo, sino que viene en círculos alrededor de la tierra. Ni el poder puede ser perpendicular. El verdadero amor, sin embargo, pasa a través de la ruta más corta, que es perpendicular.

No tienen ni idea de cuán maravillado me quedé después de descubrir esta simple verdad. No se puede explicar el universo sin este principio. ¿Qué es el verdadero amor? Es una fuerza que pasa a través de la ruta más corta y directa. Esto es debido a qué si hay un verdadero amor que viene de arriba abajo, solo puede ser perpendicular. Si se desviara, aunque solo fuera un poco, ya no sería perpendicular. Entonces, no estaría siguiendo la ruta más corta y directa. ¿Qué es lo que podría lograr la perpendicular, que consigue la ruta más corta en el universo? Solo el verdadero amor.

Hoy en día, me he vuelto famoso mundialmente hablando sobre el verdadero amor. He llegado a ser conocido como el filósofo del verdadero amor. Cuando un hijo se encuentra en peligro, ¿intentarían los padres salvar a su hijo yendo en círculos? No, ellos cogerían la ruta más corta para salvar a su hijo, aunque eso pusiera en peligro sus propias vidas. Esto es en sí mismo un maravilloso evangelio. ¿Cuál es el centro del universo? ¿Qué es aquello que puede viajar más rápido y directamente para crear perpendicularidad? Sea lo que sea, el mundo lo debe colocar como su valor central y determinar las localizaciones en relación a ese punto. Centrándose en esa línea perpendicular, uno mismo determinaría si está al este, oeste, sur o norte.

Perpendicularidad no tiene un significado en sí mismo. Es un término que solo puede utilizarse en la premisa de lo horizontal. La palabra "arriba" no está centrada en ella misma, primero tiene en cuenta el "abajo". La palabra "derecha" implícitamente reconoce el hecho de que hay una "izquierda". Del mismo modo, no se puede usar el término "mujer" si solo existieran mujeres. El uso de estos términos sin sus contrapartes los haría confusos. El término "hombre" es el factor primario y decisivo para clarificar el uso de la palabra "mujer". Estas palabras son usadas basadas en su relación.

El ejemplo sobre el hijo en peligro, nos enseña que si tienes que encontrar

la línea más directa y perpendicular en el universo, no lo podrás hacer solo con conocimiento. Tampoco lo podrás hacer solo con poder. Y las riquezas tampoco te guiarán a él. Con amor, sin embargo, es posible. Ya que Dios es el Ser Absoluto y Su amor también es absoluto, ese amor es verdad absoluta y ese amor crea el camino más corto. Esta es la verdad fundamental.

El origen del universo es amor, vida y linaje

Una persona que estudia filosofía lee libros y reflexiona sobre "¿por qué he nacido?". Las mujeres deben pensar: "Me siento molesta y mortificada por ser maltratada por los hombres. Desearía haber nacido como hombre para vengarme de ellos. Espero transmigrar y renacer para conseguirlo". Sin embargo, no deberían pensar de esta manera.

¿Cuál es la causa de que hombres y mujeres, seres humanos en general, hayan nacido? Los hijos han nacido por sus padres. ¿Por qué existen los padres? Ellos existen a causa de sus hijos. El término "padres" presupone la existencia de hijos. De la misma manera, la palabra "hijos" tiene como premisa la palabra "padres" como condición anterior. Las relaciones están basadas en este tipo de condiciones preferentes. Ninguna relación está formada centrándose en uno mismo. Los hombres han nacido a causa de las mujeres. Para convertirse en un hombre verdadero, uno debe primero ser un verdadero hijo. Para convertirse en un hijo verdadero, uno debe primero convertirse en un hijo filial. Después, uno debe encontrar a una mujer verdadera y deben llegar a ser verdaderos marido y esposa. En una pareja verdadera, la esposa representa a todas las mujeres y el marido representa a todos los hombres. Ellos son los representantes de todos los hombres y mujeres en el mundo. El reino animal tiene machos y hembras y el mundo de los átomos está formado por partículas positivas y negativas. Todo en el universo existe en parejas. Y todos los machos y hembras se multiplican y viven centrados en el amor.

Los monjes budistas dirían, "este es un problema serio, ya que yo ni he pensado en formar una relación con una mujer". Cuando van al mundo espiritual verán las repercusiones. Si has nacido como un hombre, ¿por qué fuiste creado de esta manera? ¿Fue creado lo convexo por el bien de lo convexo? La cuestión fundamental surge en el contexto de mi lógica. Lo convexo fue creado a causa de lo cóncavo. De la misma manera, ¿fue creado lo cóncavo por el bien de lo cóncavo? No, este fue creado a causa de lo convexo. Este es el principio del cielo y de la tierra. La filosofía oriental enseña que todas las cosas existen como positivo y negativo y que lo positivo y lo negativo necesitan unirse o si no permanecerán incompletos. Entonces, ¿a través de qué puede unirse lo positivo y lo negativo? Es a través del amor. Siendo este el caso, ¿cuál es la razón por la que un hombre ha nacido para una mujer? Es por el amor. El amor de un hombre no se encuentra en otro hombre, sino que se encuentra en una mujer. Y el amor de una mujer se encuentra en un hombre. Uno no posee amor en uno mismo.

La base del universo es amor, vida y linaje. Sin ellos, los seres humanos no podemos sentir amor. Dios es el Ser Sujeto del amor, el Ser Sujeto de la vida y el Ser Sujeto del linaje. Nosotros también tenemos estos tres, aunque no los podemos realizar por nuestra propia decisión. Una vez que nuestro compañero objeto aparece ante nosotros, sin embargo, sentimos la resonancia del amor. Nuestra vida bulle dentro de nosotros. Nuestra sangre se agita. ¿A quién seguimos cuando esto pasa? Esto no ocurre sin un origen.

A la luz de esto, Dios es igual. Dios también tiene amor, vida y linaje. ¿Qué quiere decir el llegar a ser maduro? Uno de sus significados es el anhelar el amor del sexo opuesto. Cuando esto es consumado, el mundo entero se engloba en ello. Cualquier persona que experimenta el amor por primera vez, llega a ser como un poeta lleno de inspiración e intoxicado por ese amor. Durante la adolescencia, no hay ni una sola persona que no se convierta en una lírica del amor.

Si eres un hombre, pensarías, "Yo represento al sexo masculino", ¿cierto? ¿Cómo lo puedes hacer? ¿Puedes hacerlo a través del estudio, atesorando dinero o acumulando poder? Eso nunca pasará. Sin embargo, si tú, de entre todos los hombres del mundo, puedes alzarte como representante, sin ser el segundo de nadie cuando se trata del amor, todo el mundo gritaría, "¡Hurra!" por ti. Si te conviertes en el representante del amor, todo el mundo te animaría, independientemente de si eres una buena o mala persona. Lo mismo es cierto para las mujeres.

Los seres humanos desean colocarse en el punto más elevado. ¿En qué se basa este tipo de deseo? No es en el dinero. Es en el amor. Los hombres han nacido para las mujeres, y las mujeres han nacido para los hombres. Eso es por lo que Dios ha intercambiado la propiedad de sus más preciadas partes. Si el hombre es el dueño del órgano del amor de la mujer, entonces ¿quién sería el dueño del órgano del amor del hombre? La mujer sería su dueña. Y si ella es la dueña, ¿con qué derecho puede reclamarlo? Ella puede reclamarlo por el derecho de la realeza. Ella no lo haría como si fuera la mujer de un hombre que vive en una casa de campo en mal estado. Ella lo reclamaría como la dueña que representa la realeza del amor.

Solo cuando te cases con este tipo de pensamiento en la mente, podrá la tierra temblar por el alegre sonido de los tambores cuando la boda tenga lugar. De lo contrario, no conoces el mundo y entonces ¿en qué te convertirías cuando la oscura noche viniera? Estas palabras nunca han sido dichas en la historia y el Reverendo Moon es quien las está diciendo. ¿Habéis oído alguna vez este tipo de palabras? No las podéis encontrar en las escrituras budistas.

¿Por qué se casan los hombres y las mujeres? Se casan por amor, y este amor es absoluto y verdadero. La relación padre-hijo no puede ser cortada o alterada por nadie. Es absoluta, y el amor en ella es absoluto. Si esta relación es absoluta, ¿será también el amor del padre y la madre absoluto, o solo relativo? Debe ser absoluto. Ya que la relación entre madre y padre y los hijos e hijas es absoluta, aunque el padre o la madre fueran a dejar a la familia, los hijos e hijas, no podrían hacerlo. Hoy en día, de todas maneras, hay familias en que la madre y el padre se van, abandonando a sus hijos.

Para que un marido y una esposa puedan vivir juntos, se necesita que haya amor absoluto. Hoy en día, sin embargo, hay parejas que se divorcian antes de que haya pasado una semana de estar casados. ¿Estas parejas son verdaderas o falsas? Son falsas. Te sientes bien cuando te dicen que has nacido por amor. Los monjes budistas han llegado a ser muy virtuosos en el reino Budista de Corea a través de su vida de devoción, pero ¿ni siquiera echan en falta el abrazo de sus madres y padres? Seguro que nunca lo pueden olvidar. Esto es algo que no puede ser alterado. Una parte de su corazón desea encontrar el camino de vuelta a sus padres. ¿Por qué? Esto es porque el amor es la raíz. Ya que el amor era el motivo que les hizo nacer, el proceso de su desarrollo no se puede completar sin que pase de nuevo a través de una relación de amor.

Dios, verdadero amor y vida eterna

Entonces, ¿Quién es Dios en realidad? Él es nuestro Padre. En el budismo, no encontramos a un Dios personal. ¿Cómo podríamos descubrir a un Dios personal si solo debatimos el método unitario de todos los fenómenos del universo? ¿Cómo podríamos encontrar a este Dios que también puede sentir las emociones conectadas con el afecto, el conocimiento y la justicia, tanto interna como externamente? ¿Qué harían los padres de un hijo devoto si su hijo vuelve a ellos? Sin pensar en si su hijo es un gran monje virtuoso o un líder moral, ellos exclamarían, "¡Oh, hijo mío!" y sus caras se iluminarían de alegría.

Volvamos a la raíz. Tendremos un grave problema si amamos solo para nuestro propio bien. El universo no lo acepta. Si amamos solo para nuestro propio bien, será un completo desastre.

Dios, la base del universo, es el Ser Absoluto. Si tuvieran que penetrar en el propósito de la creación de Dios, se darían cuenta de que el Dios en el que creen es un ser increíble como nunca lo hubieran imaginado. ¿Qué es aquello indiscutible en que el Ser Absoluto puede creer? Dios también necesita paz absoluta y felicidad absoluta.

Entonces, ¿qué es lo que puede traer esta paz y felicidad absoluta? ¿Es el dinero? Él puede crear todo el dinero que quiera. ¿Es el conocimiento? El

Dios omnisciente es el gran Rey de la sabiduría. ¿Es poder? Dios es omnipotente. Entonces, ¿qué sería? Sólo es el amor. Es el verdadero amor lo que hasta el Dios Absoluto busca sin dudarlo.

No importa cuánto poder tenga Dios, cuando Él se encuentra con Sus hijos e hijas de amor verdadero, Él dice, "Os daré todo lo que poseo". Un verdadero marido dice a su mujer, "Te daré todo lo que tengo". No es verdadero amor si dice, "Lo que es mío es mío". Necesita transformarse completamente para poder dar lo mismo que recibe. Eso es lo que causó que Dios creara el cielo y la tierra en primer lugar.

Los ministros cristianos dicen, "El Creador es sagrado y la creación es humilde". Dicen eso porque no saben nada mejor. Estas palabras parece que nieguen que Dios es un Dios de amor. Sea el amor de Dios o el amor de Jesús, la palabra "amor" no puede tener significado sin una relación. ¿Cuál es el objeto de Dios? Se dice que, "De toda la creación, la humanidad es lo más preciado". Esto es muy cierto.

¿Por qué Dios creó el cielo y la tierra? Fue a causa del amor. El camino de Dios para establecer el ideal del amor fue a través de invertirse a fondo en la humanidad y la creación. Dios necesitaba involucrarse completamente. Dios tuvo que invertir más del 100%, incluso 120%, de sí mismo.

Por lo tanto, la gente que vive con verdadero amor no puede ser dominada, no importa lo mucho que sea perseguida, ya que están conectados a la fuente de la naturaleza original que les permite invertir más del 100% de ellos mismos.

Aunque un dictador destruya una era, el mundo vuelve a revivir. Esto es parecido al hecho de que, no importa cuán mayores sean su madre y su padre, ellos siempre reavivarán su amor por ustedes. A pesar de cuánto oprima un dictador, el mundo revive, transcendiendo la historia, y la autoridad moral se reestablece con dignidad. De la misma manera, el mundo puede que persiga a sus líderes morales. Pero posteriormente, la historia llega a revelar su grandeza, pudiendo así reivindicar por lo que han invertido una vez el entorno se desarrolla. Y entonces la sociedad los honorará después.

Dios es un Dios personal, entonces si preguntaras si Dios tiene un cuerpo y una mente, la respuesta sería que sí. Si preguntaras si Dios tiene amor, la respuesta sería que sí. Y si preguntaras si Dios tiene vida y si Dios tiene linaje, la respuesta sería que sí en los dos casos. Y sin embargo, todas estas cosas no pueden existir por ellas mismas. Necesitan un objeto. Como Dios es vertical, Él intenta crear una conexión centrándose en un estándar vertical. Crecemos en la posición de hijos, que tiene también una orientación vertical y nos convertimos en marido y esposa. Y luego, llegamos a aprender todo sobre el mundo. Así, nos unimos como uno solo. ¿Dónde debemos ir para conseguir esta unidad? Vamos hacia una orientación vertical. Esa es la posición donde los hijos e hijas están, y también donde Dios ha entrado y se quedará.

Es una cuerda en círculo. Convirtiéndonos en las porciones del primer cuarto y el último cuarto del círculo, Adán y Eva se unieron formando una unidad. En otras palabras, se convierten en hueso y carne. Es por eso que el título de "Padre Celestial" no puede ser establecido si no hay una relación de linaje. Si preguntas quién es Dios, la respuesta es que Él es nuestro Padre. Él es nuestro Padre vertical centrado en el verdadero amor.

Si Adán y Eva no hubieran caído y, en vez de ello, hubieran alcanzado la perfección, Dios hubiera morado con ellos en el verdadero amor. Si Adán y Eva se hubieran casado y convertido en marido y mujer en una posición horizontal, el Dios vertical hubiera bajado a ellos. Él hubiera realizado una poderosa fuerza para empujar su camino hacia ellos. Por lo tanto, si os preguntarais a qué se parecen vuestra mente y cuerpo, obtendríais la respuesta de que se parecen a Dios.

Entonces, ¿la mente y el cuerpo de Dios lucharían como los de la humanidad caída? No, no lo harían. Entonces, ¿por qué luchan los seres humanos? Es porque están rotos. Tienen un terrible defecto. Esto es lo que el Cristianismo llama la Caída. ¿Qué tipo de defecto es? Tú puedes vivir aunque uno de tus brazos haya sido cortado. Pero no podrás vivir si el mandamiento del amor ha sido destruido. Esto es lo que Dios odia más.

Después de que cayeran, Adán y Eva cubrieron sus partes bajas. Este es el problema. Dios es nuestro Padre vertical del verdadero amor, el Creador, y si los seres humanos no hubieran caído, su amor vertical hubiera tenido el ángulo correcto respecto al horizontal. Tanto para al hombre como para la mujer, el camino que lleva al verdadero amor es el más corto y el más directo. El camino del verdadero amor, que va a través del cielo y la tierra, es el más corto y de esta manera es perpendicular y con el ángulo correcto respecto a lo horizontal. Y en términos de una esfera, si preguntas donde se encuentra la posición principal, la respuesta es que se encuentra en el centro.

Ustedes desean convertirse en la figura central de toda la creación. ¿Por qué? Porqué solo cuando llegan a estar en ese centro pueden conectar con el amor de Dios. ¿Qué pasa cuando llegan a conectar con el amor de Dios? Dios se convierte en suyo, y todo lo que le pertenece a Él, le pertenecerá a usted también.

¿Por qué se casan los hombres y las mujeres? Es por amor. ¿Qué intentan hacer amándose el uno al otro? A la larga, intentan llegar al centro y formar una relación de amor con Dios, y así poderlo hacer suyo, y hacer suyas Su amor y Sus posesiones. Por lo tanto, el derecho de la herencia está conectado al amor. Luego viene el derecho a convivir, con el que pueden vivir juntos por la eternidad.

En consecuencia, se puede pensar que hay vida eterna donde hay amor verdadero. ¿Dónde está la vida eterna? La vida eterna del verdadero amor se encuentra en aquel lugar donde se puede respirar el aire del amor. El "Yo" es quien ha heredado amor a través de los padres de amor. Este el motivo por el que no hay ni un hombre ni una mujer que no posean amor. Ya sean hombre o mujer, habrán heredado la carne, la sangre y la vida de sus padres, así que todo su ser tendrá amor, vida y linaje.

El estándar de paz y el camino para amar en todas las religiones

¿Qué es la mente? Es el "Yo" interno que ha estado heredado a través del amor y del linaje del Dios vertical. El "Yo" interno es el "Yo" vertical.

Entonces, ¿qué es el cuerpo? Si el "Yo" no hubiera caído, el "Yo" que hubiera heredado el ideal fundamental creado originalmente, se hubiera situado en la posición correcta respecto al amor de Dios. Si naciera heredando el amor, la vida y el linaje de los Verdaderos Padres no caídos, yo me convertiría en una persona con una mente y un cuerpo. La mente hubiera sido el carácter centrado en la mente interna de Dios y el cuerpo hubiera sido el carácter centrado en los padres externos del cuerpo. Habiendo alcanzado esto los dos, hubieran formado un compuesto, un reino unido de un hombre y una mujer centrados en el amor, la vida y el linaje. Ya que de esta manera la mente refleja a Dios y sería llamada el "Yo" interno.

Cuando yo oré desesperadamente para preguntar cuál era el secreto del universo, la respuesta fue muy simple. Es la relación padre-hijo. Si esta relación de padre-hijo es literalmente una relación entre padres e hijos, también se puede encontrar en el mundo caído, un mundo donde a veces los padres venden a sus hijos y los hijos matan a sus padres. Entonces, ¿qué es realmente la relación padre-hijo siendo esta el secreto del universo? En términos de la santidad del amor, sería lo mismo que la relación ideal entre marido y esposa.

¿Qué es la caída humana? Fue el robo de aquello más preciado por Dios. Este acto fue realizado por el demonio. Él robó y profanó el amor, la vida y el linaje de Dios. Esta es la razón por la que, a través de las diferentes etapas de la historia, Dios odiara tanto el acto de la Caída. ¿Por qué se arruinó el Imperio romano? No fue destruido por las fuerzas externas que lo invadieron. Fue por la cultura tan promiscua que tenían. El demonio sembró maldad a través de la lujuria. Si la población mundial navega con los vientos de la obscenidad, la vara de hierro los golpeará.

Cuando las denominaciones religiosas llegan a este estado, éstas tambalean y decaen, y cuando una nación cae en esta situación, ésta también acaba tambaleándose y desapareciendo. Y cuando la historia va por el camino equivocado, su dirección se vuelve peligrosa. ¿Quién causa esto? En realidad, no es la gente quien lo causa. Ni la nación. Este tipo de problemas suceden porque Dios odia la promiscuidad sexual.

Es por ello que digo que necesitamos encontrar una verdadera religión. Lo que todas las religiones están intentando encontrar es al Dios verdadero. El Dios que ha guiado la salvación hasta ahora, no es el Dios ideal. Él no es el Dios que puede educar y guiar a los líderes morales.

Si pudierais preguntar a Dios con qué le gustaría vivir, Él diría que Él desea vivir centrado en el amor. ¿Qué amor sería? Sería el amor que es completamente uno con la mente y el cuerpo en su ángulo perfecto. ¿Cuál sería el foco de la mente de Dios? Sería el verdadero amor. Entonces, ¿qué es el verdadero amor? Es el amor que se sacrifica completamente y que invierte el 100% y que luego se olvida de haberlo hecho. De no ser así, ¿pensáis que Dios hubiera podido observar los fallos de la humanidad a través de los años históricos hasta ahora y soportarlo? Si Él hubiera sido como las personas en el mundo, Él justificadamente nos hubiera matado a todos.

Solo un aspecto de verdadero amor permanece en el mundo caído. El único estándar vertical que queda, es el de que los padres quieran a sus hijos en el lugar de Dios. Es por ello que la providencia de la salvación es posible.

¿Dónde está la felicidad? Está en vuestra mente. Entonces, ¿qué desearía Dios tener en su vida? Él desea vivir por el verdadero amor. Él desea vivir junto a hombres y mujeres de amor verdadero. Los padres desean abrazar a todos sus hijos en su seno. De la misma manera, Dios desea vivir en la tierra, aferrándose a Sus hijos e hijas de amor verdadero.

El propósito de Dios para la salvación de la humanidad

Los monjes budistas han levantado un gran clamor, diciendo que el Rev. Moon dice que es mejor que Buda, Jesús, Confucio o cualquier otro. Sin embargo, ¿ha habido algún fundador religioso que haya trabajado tanto como yo he hecho durante toda mi vida? A pesar de las oposiciones, yo he sembrado el fundamento en docenas y hasta en centenares de naciones. Si pensáis que yo he hecho todo esto durante toda mi vida, os daréis cuenta que no existe nadie más que haya trabajado tanto como yo he hecho.

Si hubiera hecho todo esto solo con energía humana, ya estaría muerto. Esto hubiera pasado si solo hubiera trabajado para satisfacer mi propia codicia. El curso de la Iglesia de Unificación, el cual es un curso de bondad, es uno centrado en el ideal a través del amor. No es meramente amor en el aspecto individual o a nivel familiar. La visión de la Iglesia de Unificación sobre el amor es "perpendicular". Esta visión perpendicular del amor, cambia la visión filosófica. Es un amor horizontal que tiene una perspectiva perpendicular. Debido a que sé esto, puedo transcender personas y razas.

Los miembros de la iglesia de Unificación, independientemente de su nacionalidad o raza, son felices cuando les aconsejo el casarse con personas de otras razas o naciones. ¿Por qué? Es porque ellos entienden que haciendo esto es una forma de reclamar a aquellos hermanos y hermanas que perdieron miles de años atrás. Los miembros se acaban dando cuenta que los demás miembros son como sus hermanos y hermanas. Y de esta manera, simpatizan los unos con los otros, preguntándose cuanto han sufrido a causa del color de su piel, aferrándose el uno al otro y derramando lágrimas. Su encuentro comienza con este llanto y nunca pueden olvidar esta experiencia.

¿Qué es lo que les hace actuar así? Es el verdadero amor. Así es como la Iglesia de Unificación es. Yo soy una persona inteligente. Yo he tenido encuentros y he debatido con algunas de las personas más prominentes del mundo y los he ganado. Esto es por lo que los líderes religiosos del mundo me respetan.

Una doctrina ilógica es inútil en el siglo XXI. En otras palabras, una religión contraria a la lógica y que no sea beneficiosa para la vida real es inútil. Los miembros de la iglesia de Unificación pueden parecer ingenuos, pero en realidad ellos no toman las doctrinas en el sentido literal; ellos van más a fondo. Tienen serios debates sobre Dios y Su corazón.

Ya que la meta de Dios es la salvación del mundo, Dios se esfuerza en encontrar a Su gente aunque eso signifique sacrificar a su familia. Dios intenta salvar al mundo aunque haya riesgo en sacrificar a la nación. Dios intenta liberar a todos los espíritus de todas las generaciones que han ido al mundo espiritual, aún corriendo el riesgo de sacrificar al mundo físico. Y finalmente, Dios mismo necesita ser liberado.

He estado llevando voluntariamente la cruz en mis hombros porque sé que esto es verdad. Este hombre que se encuentra enfrente de ustedes ha pasado por muchas dificultades durante 40 años, diciéndose a sí mismo, "En el mundo religioso, la persona que sepa esta verdad debe llevar la cruz". Cuando veáis mi pasión y vigor, veréis que son más que suficientes para parar al cielo y la tierra. Desde el momento en que aprendí sobre la voluntad de Dios, he defendido continuamente la necesidad de salvar al mundo, aunque signifique sacrificar a la Iglesia de Unificación y a todas las religiones. Es por ello que he invertido tanta cantidad de dinero, cientos de veces más que el presupuesto de la Iglesia de Unificación, para llevar a cabo el movimiento interdenominacional. Así, a nivel mundial, he creado un fundamento religioso y he invertido grandes cantidades de recursos en él. Los miembros de la Iglesia de Unificación apoyan y continúan este trabajo a través de seguir el modelo de cargar la cruz.

Yo invierto por el mundo. Esto es porque sé que si invierto de la misma manera que lo hace Dios, los días de primavera llegarán y el mundo ideal, que originalmente Dios quiso, amanecerá. Este tipo de mundo es un lugar donde podemos bailar de alegría centrándonos en el jubiloso ideal del amor. Para continuar este trabajo, alguien tiene que cargar la cruz por la humanidad, sea en el este o en el oeste, en casa o en cualquier otro sitio. Si no, no podemos purificar el agua sucia del foso. Los miembros de la Iglesia de Unificación son personas que viven con fe en la verdad.

Os he mostrado los caminos hacia la prosperidad o la destrucción, donde vayáis dependerá de si vivís una vida por el bien de los demás o no. Cuando consideráis las entradas y salidas de energía en el reino de la ciencia natural, la energía que se invierte es mayor que la que se produce. Sin embargo, en el mundo del verdadero amor lo que se recibe es mayor que lo que se da. Gracias al amor, se puede rescatar un mundo que está en decadencia. Sólo cuando heredas la tradición del verdadero amor, que está basado en el vivir y el sacrificarse por el bien de los demás y en el corazón del amor y el servicio incondicional, puede esta decadencia del mundo estar bajo control. Este es el mandato del cielo.

El camino del vivir por el bien de los demás, así como el camino del amor de los hijos de piedad filial, es el camino de amor de un patriota y el camino de amor de un santo. El amor de un santo es el amor por la humanidad. Los santos saben cómo amar el cielo y la tierra, y como defender las leyes del palacio del cielo. Son capaces de servir a Dios con todo su corazón. Esta es la posición vertical a la que debéis aferraros.

Sin aprender el camino de un santo y el camino del amor de Dios, no podemos encontrar el estándar de paz para todas las religiones. ¿No es esta la meta de la Asociación de Religiones de Corea?

Con estas palabras, me gustaría concluir mi discurso. Gracias.

www.ingramcontent.com/pod-product-compliance
Ingram Content Group UK Ltd.
Pitfield, Milton Keynes, MK11 3LW, UK
UKHW021911190726
13853UKWH00002B/628